bod yn
*hapus,* :)
bod yn
ti dy hun

Cyhoeddwyd gan Rily Publications Ltd.,
Blwch Post 257, Caerffili CF83 9FL
Hawlfraint yr addasiad © Rily Publications Ltd.,
2023

ISBN: 978-1-80416-333-7

Cyhoeddwyd gyntaf ym Mhrydain yn 2019 gan Collins,
Testun © Penny Alexander a Becky Goddard-Hill
Hawlfraint y delweddau ar dudalennau 33, 34, 53, 70, 156 ac 173 © Shutterstock.com
Pob darlun arall © Josephine Dellow

© HarperCollins Publishers 2019

Mae Collins® yn nod masnach cofrestredig HarperCollins Publishers Ltd.

Delweddau ar dudalennau 33, 34, 53, 70, 156 a 173 © Shutterstock.com

Cedwir pob hawl. Ni chaniateir atgynhyrchu, storio mewn system adalw, na'i drosglwyddo, ar unrhyw ffurf, na thrwy unrhyw fodd (electronig, mecanyddol, llungopïo, recordio neu fel arall), heb ganiatâd ysgrifenedig ymlaen llaw gan y cyhoeddwr a pherchennog yr hawlfraint.

Credir bod cynnwys y cyhoeddiad hwn yn gywir adeg ei argraffu. Serch hynny ni all y cyhoeddwr dderbyn unrhyw gyfrifoldeb am wallau neu hepgoriadau, newidiadau yn y manylion a roddir neu am unrhyw draul neu golled a achoswyd yn sgil hynny.

Mae'r cyhoeddwr yn cydnabod cefnogaeth ariannol Cyngor Llyfrau Cymru.

Argraffwyd ym Malta gan Gutenberg

Diolch i'r holl dîm yn HarperCollins am hyrwyddo hapusrwydd, a diolch arbennig i Michelle I'Anson a Lauren Murray am eu cymorth, eu gwaith caled a'u brwdfrydedd dros 'bod yn hapus, bod yn ti dy hun'. Diolch i Josephine Dellow am y darluniau hudolus.

**Becky** - roedd blynyddoedd fy arddegau'n llawn ffrindiau gwych ac maen nhw wedi aros gyda fi byth ers hynny. Gyda chariad at Helen, Mel a Naomi, a wnaeth ddal fy llaw drwy gydol fy arddegau heb ollwng gafael. I'r criw o 'frodyr', Charlie, Dave, Mikey a Sweeny, sydd wastad wedi bod yn ofalus ohona i. Diolch, ffrindiau hyfryd. Rydych chi werth y byd i fi.

**Penny** - diolch i'r holl gymeriadau hynny a wnaeth fy arddegau'n Macc a Hull yn gymaint o hwyl. Diolch i fy rhieni am eu holl amynedd. Diolch i'r bobl ifanc yn eu harddegau y bues i'n eu dysgu a fy mhlant fy hun — rydych chi wedi dysgu cymaint i fi. Os wyt ti ar dy daith drwy'r arddegau ar hyn o bryd, cofia fod yn hapus, bod yn ti dy hun.

#bodynhapusbodyntidyhun

# bod yn hapus, :) bod yn ti dy hun

## CANLLAW I'R ARDDEGAU

Penny Alexander a Becky Goddard-Hill
Darluniau gan Josephine Dellow

# HAPUSRWYDD

Mae dewis bod yn hapus yn bwysicach na dim byd arall rwyt ti'n ei wneud yn dy fywyd. Yn ôl arolwg, mae 72 y cant o bobl ifanc yn Ewrop yn cytuno â'r datganiad hwn.

Ond hyd yn oed pan fyddi di'n gwybod mai dewis, nid siawns, yw sail hapusrwydd, ac y dylai fod ar frig dy agenda, mae'n dal i fod yn her, yn tydy?

Mae gwybod sut i fod yn hapus yn gallu bod yn anodd.

Nod y llyfr hwn yw dangos i ti sut i fod yn hapus, a sut i reoli dy les a'i wella.

Mae tair adran ynddo:

- Ti Hapus
- Perthnasoedd Hapus
- Byd Hapus

Gall yr arddegau fod yn gyfnod cythryblus, felly mae pob un o'r adrannau'n edrych ar wahanol faterion a allai dy wynebu, ac yn cynnwys camau y gallet ti eu cymryd i wneud dy fywyd yn fwy cadarnhaol a chynhyrchiol. Mae ymchwil wyddonol yn sail i bob adran, fel dy fod ti'n gwybod pam, nid dim ond sut, mae popeth yn gweithio.

## yr arddegau a dy ymennydd

Mae sganio delweddu cyseiniant magnetig (MRI – magnetic resonance imaging) wedi dangos bod newidiadau enfawr yn digwydd yn ein hymennydd yn ystod ein harddegau. Mae llwybrau niwral pwysig yn cael eu creu sy'n effeithio ar ein dyfodol. Dyma amser gwych i ddysgu sgiliau hapusrwydd a chofleidio llond gwlad o syniadau a fydd yn dy helpu i gadw'n iach a chryf yn emosiynol.

Yr *amygdala* yw'r rhan o'n hymennydd sy'n delio â phrosesu emosiynau fel ofn neu bleser. Mae'n hynod sensitif ac yn fwy gweithgar yn ystod yr arddegau, a dyna pam rwyt ti'n teimlo pethau i'r byw. Gall hyn wneud yr arddegau'n gyfnod anodd. Mae dysgu ambell ffordd i wneud i dy hun deimlo'n fwy tawel ac yn fwy cadarnhaol yn ddefnyddiol iawn ar yr adeg hon yn dy fywyd.

## cyrchfan: hapusrwydd

Wyt ti'n meddwl weithiau:

- Taswn i ond yn X, byddwn i'n hapus.
- Taswn i ond yn gwneud X, byddwn i'n hapus.
- Taswn i'n fwy fel X, byddwn i'n hapus.

Os wyt ti'n meddwl fel hyn (mae pawb yn gwneud o bryd i'w gilydd), rwyt ti'n gweld hapusrwydd fel cyrchfan ... rhywle mae angen i ti ei gyrraedd.

Yn y llyfr hwn, rydyn ni'n mynd i edrych ar hapusrwydd fel dy daith, fel y galli di fwynhau dy bresennol, mwynhau pob dydd, nid dim ond wrth gyrraedd, neu os wyt ti'n cyrraedd X.

## melin draed pleser

Y gwir amdani yw – does dim angen swydd, steil gwallt, brand o esgidiau ymarfer na chriw o ffrindiau penodol arnat ti i fod yn hapus. Hyd yn oed os wyt ti'n cael y pethau hyn, mae'n debygol mai dim ond am gyfnod byr y byddi di'n hapus cyn mynd yn ôl i deimlo fel roeddet ti o'r blaen.

Dangosodd un astudiaeth nad oedd enillwyr y loteri, er eu bod nhw'n teimlo'n wych i ddechrau, yn hapusach na neb arall ddeunaw mis yn ddiweddarach.

*Rhyfedd, ynte?*

Mae'r un peth yn wir am bobl sy'n cael damweiniau ofnadwy, sy'n effeithio ar eu bywydau. Er gwaetha'r trawma ar y dechrau, gwelwyd bod pobl ar y cyfan yn dychwelyd i'w lefelau hapusrwydd cyn y ddamwain – eu lefel hapusrwydd sylfaenol.

Dyma'r felin draed pleser. Mae'n golygu, beth bynnag sy'n digwydd, y byddi di'n dychwelyd dro ar ôl tro at dy lefel hapusrwydd sylfaenol, ac yn chwilio'n gyson am fwy o bethau i dy wneud di'n hapusach. Mae'n llethol.

Opsiwn gwell fyddai cynyddu dy hapusrwydd sylfaenol, os yw hynny'n bosib o gwbl?

Yr ateb yw, ydy. Ac mae'r llyfr yma'n mynd i ddangos i ti sut mae gwneud hynny.

## y 40 y cant hudol

Cred gwyddonwyr dy fod ti'n gallu rheoli 40 y cant o dy hapusrwydd, a bod y gweddill yn seiliedig ar amgylchiadau a geneteg. 40 y cant. Mae hynny bron yn hanner dy holl hapusrwydd!

Mae'n werth canolbwyntio dy egni ar wneud y gorau o'r 40 y cant hwnnw.

## sut i ddefnyddio'r llyfr hwn

Meddylia am y llyfr hwn fel dewis melysion. Bydd rhai o'r gweithgareddau'n apelio'n enfawr ac yn dy gyffroi di, ac eraill ddim yn apelio o gwbl.

Ailadrodda'r pethau sy'n gweithio orau i ti, ond rho gynnig arnyn nhw i gyd.

## bydd angen

Llyfr nodiadau – yn y llyfr hwn ar ei hyd, byddi di'n cael dy annog i wneud nodiadau, tynnu lluniau a chofnodi syniadau mapiau meddwl. Cofnod o ddigwyddiadau bob dydd yw dyddiadur fel arfer, ond mae hwn yn fwy hyblyg – galli di roi cynnig ar ymarferion gwahanol, cadw cofnodion, ystyried pryderon, gobeithion ac ofnau, beth bynnag sy'n mynd â dy fryd di.

Does dim ffordd gywir na ffordd anghywir, dim rheolau. Mae rhai pobl yn gweld bod nodi'r pethau da a drwg yn helpu, mae rhai'n rhoi 10 munud ar y cloc ac yn ysgrifennu beth bynnag sydd angen dod allan – carthu'r ymennydd! Efallai y bydd dy ddyddiadur di'n llawn lluniau a dwdlo yn hytrach na geiriau?

Rho gynnig arni i weld beth sy'n teimlo orau i ti.

Mae strategaethau hapusrwydd yn syml i'w dysgu ac eto mor bwerus. Mae'n hollol bosib i ti fod yn hapus wrth fod yn ti dy hun.

*#bodynhapusbodyntidyhun*

ti hapus :)

## mae'n dechrau gyda ti

Yr unig un sydd wrth dy ochr di drwy gydol dy fywyd, i godi dy galon di bob dydd a gofalu am dy les corfforol, cymdeithasol, ysbrydol ac emosiynol yw … TI!

Felly mae angen i ti fod ar dy orau gan mai ti sy'n gofalu amdanat ti dy hun, a ti yw dy ffrind gorau.

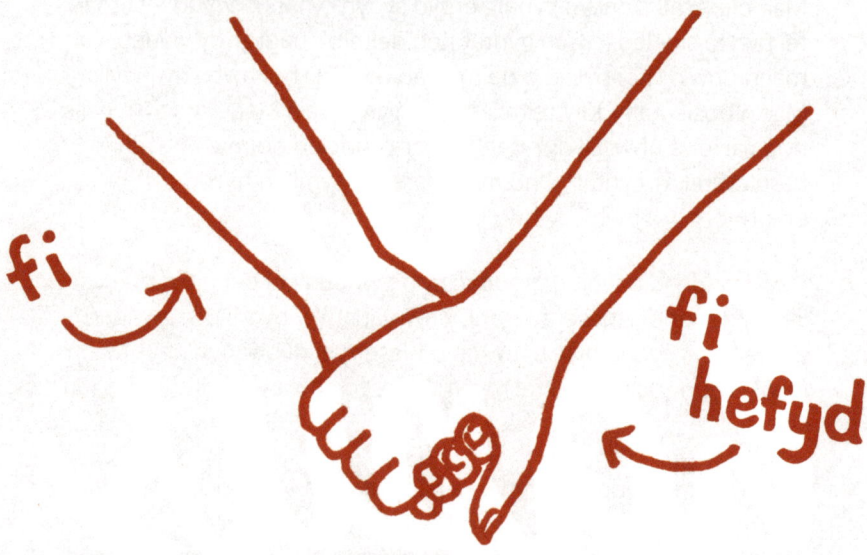

## rwyt ti'n cael dewis

Yn aml, mae bod yn hapus yn fater o ddewis, nid siawns, a ti sy'n rheoli bron i hanner dy hapusrwydd di.

Mae sut rydyn ni'n edrych ar bethau yn hollbwysig, ac mae angen i ti ystyried dy allu i effeithio ar dy hapusrwydd dy hun fel cyfle anhygoel.

## tri math o hapusrwydd

Mae ymchwilwyr wedi darganfod bod modd i ti gynyddu dy hapusrwydd drwy gynllunio dy fywyd i gynnwys mwy o bleser, boddhad ac ystyr. Dyma'r tri math gwahanol o hapusrwydd.

Yn y bennod hon, rydyn ni'n mynd i edrych ar y mathau gwahanol o hapusrwydd a dangos i ti sut i blethu mwy ohonyn nhw i wead dy fywyd prydferth.

Mae pleserau syml yn cynnig ergyd sydyn o hapusrwydd – pethau fel bwyta siocled, cusan gyntaf neu deimlo'r haul ar dy wyneb – ac maen nhw'n rhoi pyliau o deimladau da sy'n rhoi hwb i dy hwyliau. Mae'n bosib na fydd y teimladau hyn yn para'n hir ac rwyt ti'n gallu dod i arfer â nhw. Dydy'r degfed bar o siocled ddim yn mynd i flasu cystal â'r cyntaf! Ond mae pleserau syml yn ffyrdd cyflym ac effeithiol o roi hwb i dy hwyliau.

Daw boddhad o weithgareddau sy'n gwneud i ni deimlo'n rhan o'r llif. Yn wahanol i bleserau syml, y mwyaf aml y byddi di'n gwneud y gweithgareddau hyn, y mwyaf o bleser cei di ohonyn nhw. Maen nhw'n cynnwys pethau fel myfyrio, dysgu chwarae'r gitâr neu greu celf.

Daw gweithgareddau ystyrlon â hapusrwydd sy'n para'n hirach. Mae'r rhain yn cynnwys ymgyrchu, gwirfoddoli neu ofalu am fyd natur – pob un yn gwneud gwahaniaeth i'r byd mewn rhyw ffordd.

Iawn, amdani. Gad i ni ddechrau ar gynyddu lefelau hapusrwydd y person pwysicaf y byddi di byth yn gofalu amdano ...

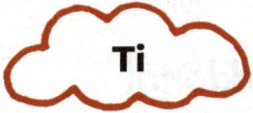

(*Wedyn fe wnawn ni ddelio â gweddill y byd a'r holl bobl sydd ynddo!*)

# 1 50 o bethau hapus

> **Mae agwedd ddiolchgar yn esgor ar bethau mawr.**
> Iogi Bhajan, iogi Sikh Indiaidd-Americanaidd

Canolbwyntio ar y pethau hapus yn dy fywyd a diolch amdanyn nhw yw dwy o'r ffyrdd hawsaf i gynyddu dy hapusrwydd – gweithredoedd syml a phwerus y galli di eu rhoi ar waith ar unwaith.

Mae'r pethau rwyt ti'n canolbwyntio arnyn nhw'n cynyddu yn dy feddwl. Felly, y mwyaf rydyn ni'n canolbwyntio ac yn sylwi ar y pethau cadarnhaol yn ein bywydau – y pethau rydyn ni'n ddiolchgar amdanyn nhw – y mwyaf y byddan nhw'n cynyddu yn ein meddyliau, a'r mwyaf y gallwn ni eu gwerthfawrogi ac ymestyn eu heffaith.

## gair bach gwyddonol

Mae diolchgarwch yn achosi i ni gynhyrchu mwy o dopamin yn ein hymennydd (yr hormon teimlo'n dda). Gwna hyn i'n hymennydd fod eisiau mwy o ddiolchgarwch (mae unrhyw beth sy'n sbarduno dopamin yn creu awydd yn yr ymennydd i ti ei wneud eto). Mae ein hymennydd wedyn yn dechrau chwilio am fwy o bethau i fod yn ddiolchgar amdanyn nhw.

## mae manteision diolchgarwch yn cynnwys:

- Cysgu'n well a lefelau is o iselder a gorbryder.
- Patrymau ymarfer corff gwell a llai o boen corfforol.
- Lefelau uwch o optimistiaeth, penderfyniad, sylw, brwdfrydedd ac egni.

Ac yn y blaen ac yn y blaen ... mae astudiaethau wedi profi dro ar ôl tro bod canolbwyntio ar y pethau cadarnhaol yn dy fywyd a bod yn ddiolchgar amdanyn nhw'n hynod ddefnyddiol (a braidd yn gaethiwus).

## cynllunio bywyd hapus

Yn ei lyfr *Happiness by Design*, awgryma Paul Dolan y dylen ni 'benderfynu, cynllunio a gwneud' wrth ystyried hapusrwydd. Hynny yw:

1. Penderfynu beth sy'n dod â phleser a phwrpas i ti.
2. Cynllunio dy fywyd fel ei fod yn llawn o bethau fel hyn.
3. Eu gwneud nhw.

Unwaith eto, pethau digon syml, ond mae gallu rheoli dy hapusrwydd dy hun yn gwneud cymaint o wahaniaeth.

## creu rhestr hapus

Mae gan bob un ohonon ni lond gwlad o bethau sy'n ein gwneud ni'n hapus, ond mae'n hawdd anghofio weithiau pan fyddwn ni'n cael diwrnod gwael. Yr her yw dod o hyd i 50 peth rwyt ti'n ddiolchgar amdanyn nhw.

Gwna hynny wrth i ti weld neu brofi pethau sy'n dy wneud di'n hapus, neu wrth i ti eu cofio. Gallai gymryd dyddiau neu fisoedd, ond does dim ots o gwbl. Yr hyn sy'n bwysig yw dy fod ti'n chwilio'n bwrpasol am bethau sy'n dy wneud di'n hapus. Wrth i ti gofnodi pob peth hapus, diolcha amdanyn nhw – gan gydnabod pa mor hapus mae'r peth wedi dy wneud di. (Galli di wneud hyn allan yn uchel neu yn dy ben – mae'n cael yr un effaith yn union.)

Os wyt ti'n cael trafferth, ystyria dy synhwyrau. Beth wyt ti'n eu gweld, eu harogli a'u clywed sy'n dy wneud di'n hapus? Beth wyt ti'n hoffi ei flasu neu ei gyffwrdd? Neu pa bobl, ffilmiau, llyfrau neu chwaraeon wyt ti'n eu hoffi?

Mae'n bosib y byddi di eisiau arddangos y rhestr ar ôl i ti ei gorffen (neu hyd yn oed wrth i ti ei llunio) er mwyn dy atgoffa o'r holl bethau cadarnhaol yn dy fywyd rwyt ti'n ddiolchgar amdanyn nhw.

## bod yn hapus, bod yn ti dy hun ...

... drwy gynllunio dy fywyd i gynnwys mwy o'r pethau ar dy restr. Os nad yw'n hawdd cael gafael ar rai o'r pethau – gwyliau yn yr haul neu gyn-athro – galli di gael gafael arnyn nhw yn dy gof. Mae'r cof yn fan pwerus i fynd iddo a gall gynnig teimladau cynnes a hapus pryd bynnag rwyt ti'n dewis mynd yno.

# 2 agwedd benderfynol

*O feddwl dy fod ti'n gallu, neu'n meddwl dy fod ti'n methu, rwyt ti'n iawn.*
Henry Ford, diwydiannwr

## newid dy feddylfryd

Mae mwy i feddylfryd cadarnhaol na gwisgo dillad lliwgar a bloeddio canu caneuon o *The Greatest Showman*. Mae angen i ti ganolbwyntio ar yr hyn rwyt ti'n gallu ei reoli a'i wneud, yn hytrach na chanolbwyntio ar yr hyn rwyt ti'n methu ei reoli a'i wneud.

Gall bywyd fod yn anodd, ac er dy fod ti eisiau meddwl yn gadarnhaol a chael agwedd siriol ac optimistaidd, bydd yna adegau pan fyddi di'n teimlo wedi dy lethu ac yn llawn anobaith. Dyma fywyd go iawn, wedi'r cyfan, ac mae pethau drwg yn digwydd. Allwn ni ddim dymuno i'r adegau anodd yma ddiflannu, a does dim haul ar fryn bob tro.

Felly beth rwyt ti'n ei wneud o fethu â gwneud i'r felan godi? Wel, mae angen i ti grio neu weiddi, trafod pethau neu gofnodi dy deimladau yn dy ddyddiadur. Pa bynnag ffordd sy'n gweithio i ti, bydd cydnabod a mynegi dy deimladau yn helpu.

OND dwyt ti ddim eisiau treulio gormod o amser felly. Mae gyda ti fywyd i'w fyw.

Alli di ddim creu'r newidiadau ymarferol sydd eu hangen arnat ti ond galli di newid dy ffordd o feddwl i fod yn bositif, optimistaidd a ffyniannus. Gwydnwch yw'r gallu i fownsio'n ôl wedi cyfnod anodd. Dyma rywbeth y galli di'i ddatblygu, os nad wyt ti'n berson gwydn eisoes. A gall hwn fod yn rhywbeth hynod ddefnyddiol i ti drwy gydol dy fywyd.

## gair bach gwyddonol

Oeddet ti'n gwybod dy fod ti'n gallu newid siâp dy ymennydd? Mae'n swnio fel rhywbeth o ffilm wyddonias, yn tydy? Ond nid felly; mae'n bŵer hollol anhygoel sydd gan bob un ohonon ni.

Darganfu'r gwyddonydd Dr Norman Doidge bod yr ymennydd yn gallu newid yn gorfforol o ganlyniad i'n ffordd ni o feddwl. Niwroblastigrwydd yw'r enw ar hyn. Os wyt ti'n mynd ati'n fwriadol ac yn gyson i feddwl meddyliau cadarnhaol, mae modd i ti ailweirio dy ymennydd ac atgyfnerthu'r rhannau hynny o'r ymennydd sy'n ysgogi teimladau cadarnhaol. Byddi di'n hapusach ac yn fwy cadarnhaol yn reddfol o ganlyniad i hyn.

Mae angen i ni felly ymarfer yr agwedd benderfynol honno.

Pan mae pethau'n anodd iawn, mae angen i ti fynd ati'n fwriadol i ganolbwyntio dy feddwl ar y pethau rwyt ti'n **GALLU** eu gwneud. Mae'n defnyddio dy egni gymaint yn well na chanolbwyntio ar yr hyn rwyt ti'n methu ei wneud, ac mae'n hyfforddi dy ymennydd i ddatrys problemau a bod yn gadarnhaol.

Mae agwedd gadarnhaol a phenderfynol yn help mawr i ti fod yn fwy gwydn.

Dyma ambell enghraifft o hyn ar waith:

- Os oes gyda ti arholiad anodd i ddod, ac rwyt ti'n teimlo dan straen, galli di ganolbwyntio ar greu cynllun adolygu ac astudio yn hytrach na chanolbwyntio ar dy ofn o'r arholiad.

- Os wyt ti'n gweld rhywun yn pigo ar dy ffrind yn yr ysgol, yn hytrach na theimlo'n ddiymadferth, galli di wrando ar bryderon dy ffrind a siarad ag oedolyn rwyt ti'n ymddiried ynddo.

## wyt ti'n gallu cynnig ymatebion cadarnhaol i'r sefyllfaoedd hyn?

- Rwyt ti wedi colli rhai wythnosau o ysgol oherwydd salwch ac yn cael trafferth cadw i fyny yn y dosbarth. Galli di ...
- Mae dy ffrind gorau yn treulio mwy a mwy o amser yn canu mewn grŵp ac rwyt ti'n teimlo'n unig. Galli di ...
- Rwyt ti eisiau mynd i glyweliad ar gyfer drama'r ysgol ond rwyt ti'n rhy nerfus. Galli di ...

## bod yn hapus, bod yn ti dy hun ...

... drwy reoli dy feddyliau ag agwedd benderfynol.

# 3 emosiynau

> Mae teimladau'n debyg iawn i donnau. Allwn ni ddim eu hatal rhag dod, ond gallwn ddewis ar ba un i syrffio.
>
> Jonatan Martensson, pêl-droediwr

Sawl emosiwn gwahanol wyt ti'n eu profi mewn diwrnod? Sawl un sy'n ddymunol, sawl un sy'n annymunol?

Ymateb naturiol yw pob emosiwn – mae pawb yn eu cael nhw – hyd yn oed os ydyn nhw'n brofiadau anodd neu annymunol. Mae'n ddefnyddiol i ni gofio bod diben iddyn nhw, a'u bod nhw'n gyfrwng defnyddiol i roi gwybod i ni am ein cyflwr a'r hyn sydd angen i ni ei newid. Yr unig ffordd y gallwn ni brofi hapusrwydd go iawn yw drwy fod yn ymwybodol o'n holl emosiynau, gan na allwn ni ddewis a dethol yr emosiynau rydyn ni'n eu cael.

Drwy allu adnabod ac enwi ein teimladau, mae'n ein helpu i reoli ychydig ar ba rai rydyn ni'n gadael iddyn nhw effeithio ar ein meddyliau a'n gweithredoedd.

## gair bach gwyddonol

Mae ymchwilwyr o Brifysgol Harvard a Phrifysgol Washington wedi ceisio mapio datblygiad gwahaniaethu emosiynau – *y gallu i adnabod a labelu dy wahanol emosiynau yn gywir*. Tuedda pobl â lefel uchel o wahaniaethu emosiynau, y rhai sy'n dda am enwi eu hemosiynau, ddefnyddio strategaethau ymdopi gwell mewn cyfnod o straen. Ar y llaw arall, mae pobl sydd â lefel isel o wahaniaethu emosiynau, y rhai sy'n methu datgymalu eu hemosiynau, yn debygol o droi at ddewisiadau eraill negyddol i ddelio ag emosiynau anodd, fel ymddygiad ymosodol neu alcohol.

Felly, os nad wyt ti'n deall dy deimladau, rwyt ti'n fwy tebygol o weithredu mewn ffyrdd negyddol.

Gallet ti feddwl y byddai dy allu i labelu dy emosiynau'n gwella bob blwyddyn, ond y gwir amdani yw ei fod yn gostwng ar ddechrau'r arddegau. Cred ymchwilwyr mai'r rheswm am hynny yw bod hwn yn oed lle mae pobl ifanc yn profi llawer o emosiynau cymhleth ar yr un pryd yn sydyn iawn. Wrth i'r emosiynau fynd yn fwy dyrys ac aneglur, maen nhw'n mynd yn anoddach eu rheoli.

# syrffio'r tonnau hapusach

Gall cadw dyddiadur fod yn ffordd wych o helpu i wahaniaethu rhwng emosiynau, ac i greu ychydig o bellter oddi wrthyn nhw hefyd. Drwy adnabod ein hemosiynau ac edrych arnyn nhw o bell, gallwn ni atal ein teimladau rhag datblygu i fod yn feddyliau a gweithredoedd negyddol.

Rho gynnig ar yr awgrymiadau hyn i dy helpu i ganolbwyntio ar syrffio'r tonnau emosiynol da:

- Rhestra'r holl emosiynau rwyt ti wedi'u teimlo heddiw, rho gylch o amgylch y rhai cadarnhaol ac ysgrifenna am un ohonyn nhw. Dathla'r buddugoliaethau!
- Tri pheth wnaeth i fi deimlo'n hapus heddiw ...
- Pum peth wnaeth i fi deimlo'n dawel fy meddwl heddiw ...
- Roeddwn i'n falch ohonof i fy hun pan ...
- Gwnes i wir fwynhau ...
- Mae fy nheulu'n edmygu fy ...
- Pum llwyddiant bach ges i heddiw oedd ...
- Uchafbwynt fy niwrnod oedd ...
- Fy nodwedd orau yw ...
- Tri pheth unigryw amdana i yw ...
- Dwi'n teimlo'n gyffrous wrth feddwl am ...

- Pum peth neu berson dwi'n teimlo'n ddiolchgar amdanyn nhw ...

- Dwi'n teimlo'n gartrefol pan ...

- Fy llwyddiant mwyaf yr wythnos hon oedd ...

- Dwi'n teimlo orau amdanaf i fy hun pan ...

- Pethau a wnaeth i fi chwerthin heddiw oedd ...

## cael trafferth gydag emosiwn anodd?

Rho gynnig ar yr awgrymiadau hyn i'w wneud yn fwy amlwg. Mwya'n byd rwyt ti'n ymwybodol o deimlad anodd, cyflyma'n byd y byddi di'n gallu ymyrryd i'w atal rhag dy lethu.

- Tase'r teimlad hwn yn lliw, byddai'n ...

- Tase'r teimlad hwn yn dywydd, byddai'n ...

- Tase'r teimlad hwn yn dirwedd, byddai'n ...

- Tase'r teimlad hwn yn gerddoriaeth, byddai'n swnio fel ...

- Tase'r teimlad hwn yn wrthrych, byddai'n ...

Wyt ti'n gweld bod anogaethau gwahanol yn symbylu teimladau gwahanol?

## bod yn hapus, bod yn ti dy hun ...

... drwy ddefnyddio dy ddyddiadur i ddatod emosiynau. Rho gynnig ar bethau gwahanol i weld beth sy'n gweithio i ti. Chwilia am y pethau cadarnhaol, dathla'r pethau da, bydda'n ddiolchgar a chartha'r ymennydd i gael gwared ar bethau negyddol, ond trïa beidio â mynd ar goll ynddyn nhw!

# 4 chwilio am hunaniaeth

> Bydd yn ti dy hun.
> Mae sgidiau pawb arall wedi'u llenwi.
> Oscar Wilde, bardd

Mae'r arddegau'n gyfnod o durio a thyrchu'n ddwfn i ddarganfod pwy wyt ti. Mae pwynt Oscar Wilde yn un gwych. Mae'n bwysig i ti adnabod dy hun yn gyntaf ac aros yn driw i dy werthoedd a dy deimladau am yr hyn sy'n dda a'r hyn sy'n ddrwg.

Pan fydd pobl eraill yn ein tynnu ni'n rhy bell oddi wrth ein hunaniaeth, rydyn ni'n dechrau profi straen. Mae esgus bod yn rhywun nad ydyn ni yn beth blinedig iawn. Meddylia am ddal ati gyda gwersi piano i blesio dy fam, er dy fod ti'n eu casáu nhw, neu ymddwyn mewn ffordd benodol er mwyn bod yn rhan o griw yn yr ysgol.

Hunaniaeth yw sut rwyt ti'n dy ddeall dy hun, casgliad o feddyliau a chredoau amdanat ti dy hun. Gall gynnwys pethau fel nodweddion personoliaeth, dealltwriaeth o dy sgiliau a dy alluoedd, dy ddiddordebau a dy hobïau, dy gredoau a dy werthoedd ac ymwybyddiaeth o'th gorff a'th feddwl.

Efallai i ti ddod yn fwy ymwybodol bod hunaniaeth yn newid yn ôl pwy sy'n cadw cwmni i ti. Rwyt ti'n ymddwyn yn wahanol ar dy ben dy hun o gymharu â phan wyt ti gyda ffrindiau, neu pan wyt ti gyda dy deulu neu dy ffrind gorau.

Mae hynny'n normal, er y gall dy flino di weithiau, fel petaet ti'n nifer o wahanol bobl. Mae archwilio dy hunaniaeth, dod â phob 'hunan' gwahanol at ei gilydd a dod o hyd i hunaniaeth sy'n gyfforddus i ti, yn rhan fawr o fod yn berson ifanc yn ei arddegau.

## gair bach gwyddonol

Dydy hunaniaeth ddim yn sefydlog. Mae'n newid drwy gydol ein bywydau, ond dangosodd astudiaeth o filoedd o bobl ifanc yn yr Iseldiroedd fod newidiadau mewn hunaniaeth yn ystod yr arddegau'n digwydd yn eithaf sydyn.

Ar y dechrau, beth bynnag.

Roedd yr astudiaeth yn cynnwys profion personoliaeth blynyddol ar bobl ifanc yn eu harddegau, am gyfnod o chwech neu saith mlynedd. Yn ystod eu harddegau cynnar, roedd hunanreolaeth a hunanddisgyblaeth bechgyn yn gostwng, a merched yn dangos mwy o ansefydlogrwydd emosiynol.

Ond .... roedd y data hefyd yn dangos mai rhywbeth dros dro oedd y gostyngiadau hyn. Hynny yw, roedd y nodweddion mwy cadarnhaol a oedd ganddyn nhw fel plant yn gostwng, ond yna'n codi eto tuag at flynydoedd mwy diweddar yr arddegau.

Caiff pobl eraill effaith gadarnhaol a negyddol ar ein hunaniaeth. Dyna pam mae hi mor bwysig gadael i'n hunain archwilio beth sy'n ein hysgogi ni go iawn, yn hytrach na dilyn y dorf neu geisio cydymffurfio â'r hyn mae rhieni neu athrawon eisiau i ni fod. Dydy'r ffaith dy fod ti'n dda am rywbeth ddim yn golygu y dylet ti wneud bywoliaeth ohono! Er hynny, mae'n werth i ni wrando pan fydd pobl sy'n agos atat yn tynnu sylw at dy gryfderau, dy nodweddion cadarnhaol a dy sgiliau.

Gall newid fod yn frawychus, yn enwedig os yw'n digwydd yn sydyn. Ond TI wyt ti o hyd. Gafaela'n dynn, oherwydd mae yna newyddion da – mae fersiwn fwy a gwell ohonot ti dy hun yn aros i ddod i'r amlwg.

Rhan fawr arall o dy hunaniaeth all fod yn destun archwilio neu gwestiynu yw dy gyfeiriadedd rhywiol a dy hunaniaeth rhywedd.

Mae cyfeiriadedd rhywiol yn ymwneud â phwy sy'n dy ddenu, pwy wyt ti eisiau cael perthynas ramantus â nhw. Mae cyfeiriadedd rhywiol yn cynnwys bod yn hoyw, lesbiaidd, syth neu ddeurywiol, ac mae'n hollol normal i fod yn ansicr neu beidio â bod eisiau ei labelu.

Dydy hunaniaeth rhywedd ddim yn ymwneud â phwy sy'n dy ddenu di. Mae'n ymwneud â phwy wyt ti – gwrywaidd, benywaidd, trawsryweddol, anneuaidd a llawer mwy – ac mae hefyd yn hollol iawn i ti fod yn ansicr, yn ddryslyd neu i wrthod label.

## archwilio dy hunaniaeth

Mae'n anodd bod yn wrthrychol amdanat ti dy hun, ond dyma rai ffyrdd o wneud hynny ...

1. Ysgrifenna'r geiriau 'Pwy ydw i?' ar ganol neu ar frig tudalen. Ysgrifenna 20 peth sy'n dod i dy feddwl. YSGRIFENNA – DYNA'R CWBWL. Paid â dileu dim byd na phoeni am fod yn gywir neu'n anghywir. Beth am osod larwm i ganu ymhen pum munud? Mae hynny'n sicr o roi hwb i ti.

2. Mae angen i ti greu *collage* sy'n dathlu dy hunaniaeth. Efallai y byddi di eisiau cynnwys hobïau, diddordebau, cryfderau a gwendidau, nodweddion personoliaeth, pethau rwyt ti'n eu hoffi a'u casáu, credoau, gwerthoedd, gobeithion ac ofnau, breuddwydion ac uchelgeisiau, rhywioldeb, rhywedd.

3. Tynna lun dau gylch mawr, un y tu mewn i'r llall. Yn y cylch canol, gwna nodyn o'r nodweddion personol sydd fwyaf gwerthfawr i ti ac a fydd yn aros yr un fath. Yn y cylch allanol, gwna nodyn o'r nodweddion rwyt ti'n meddwl sy'n llai sefydlog. Y rhai rwyt ti'n meddwl bod ffrindiau a thyfu i fyny yn eu newid, efallai.

Defnyddia dy ddyddiadur i gofnodi dy feddyliau. Pa rannau o dy hunaniaeth sydd fwyaf sefydlog, pa rai sy'n newid yn dy farn di, a pham?

## bod yn hapus, bod yn ti dy hun …

… drwy gydnabod bod dy hunaniaeth yn newid yn gyflym, a rhoi amser i fyfyrio ar dy ben dy hun ynglŷn â phwy wyt ti.

# 5 bwydo dy anian greadigol

All creadigrwydd ddim prinhau. Y mwyaf rwyt tin ei ddefnyddio, y mwyaf fydd gyda ti.
**Maya Angelou, awdur ac ymgyrchydd**

Mae creadigrwydd yn ymwneud â thyfu, mentro, torri rheolau, gwneud camgymeriadau a chael môr o hwyl. Does dim rhaid bod yn artist, dawnsiwr, cerddor neu berfformiwr anhygoel. Mae meddwl yn greadigol yn 'gyhyr' mae pawb yn ei ddefnyddio bob dydd, ac yn un y gallwn ni ei ddatblygu.

Ond gall ofn methu fod yn rhwystr enfawr rhag rhoi cynnig ar rywbeth newydd, felly mae'r arbenigwr creadigrwydd Elizabeth Gilbert yn awgrymu dychmygu prosiectau fel teithiau. Gall ofn godi yn y car, ond chaiff ofn ddim gafael yn y llyw.

## gair bach gwyddonol

Wyt ti erioed wedi colli golwg ar yr amser wrth weithio ar brosiect creadigol? Awgryma'r seicolegydd Mihaly Csikszentmihalyi ein bod ni'n profi cyflwr o fod yng nghanol llif wrth weithio ar weithgareddau creadigol rydyn ni wrth ein boddau â nhw. Mae hyn yn cyfrannu at gynnydd mewn emosiynau cadarnhaol a lles seicolegol.

## creadigrwydd a ti

Mae rhai pobl yn mwynhau gweithio'n galed ar un prosiect, ac eraill sy'n awchu am newid yn troi eu llaw at bethau newydd. Mae'n well gan rai weithio ar eu pennau eu hunain, ac mae'n well gan eraill weithgareddau grŵp.

Cofia, does dim rhaid i greadigrwydd fod yn berffaith. A dweud y gwir, gall anelu at berffeithrwydd achosi straen.

Gwna dy orau i gael y cyfle i ymlacio ac i beidio â phoeni os yw'r canlyniad yn berffaith. Mae pethau sydd ddim yn gweithio'n iawn ar unwaith yn dysgu mwy i ni na phethau sy'n berffaith y tro cyntaf.

- Noda bum ffordd rwyt ti'n hoffi bod yn greadigol.
- Beth yw dy bersonoliaeth greadigol?
- Pryd wyt ti'n cael y teimlad o fod yn rhan o'r llif?
- Wyt ti erioed wedi gweld prosiect creadigol yn mynd o'i le?

## mapio meddwl

Mae mapio meddwl yn ffordd wych o adlewyrchu cynllun yr ymennydd a'i ddeall. Mae rhestrau'n nodi pethau rydyn ni'n eu gwybod eisoes, ond mae mapiau meddwl yn gadael i ni greu syniadau newydd.

1. Noda bwnc, pryder, thema neu gwestiwn ar ganol tudalen.
2. Ychwanega eiriau wrth iddyn nhw ddod i'r meddwl, gan ddychmygu pob syniad fel cangen coeden.
3. Beth am chwarae gêm cysylltu geiriau neu adael i'r meddwl grwydro? Paid â dweud na wrth ddim byd!
4. Efallai fod y syniadau'n ymddangos yn amlwg i ddechrau, ond byddi di'n cynnig syniadau llai amlwg mewn dim o dro.
5. Wrth i'r syniadau arafu, chwilia am eiriau sy'n cysylltu â'i gilydd – a'u cysylltu â llinellau, os oes gyda ti awydd gwneud hynny.

# ENGHRAIFFT O FAP MEDDWL

- dyddiadau a £
  - Comic?
- Profiad?
  - Caffi Kitty?
  - Tale ysgytl yr
- I.O.U. antur beic + taleb picnic
- ANRH PEN-BL
- Cacen
  - da-da fel wisgars, llygaid a thrwyn?
  - thema cathod?
  - fflapjacks?
  - siocled
  - fanilla
  - cacen gaws
  - mefus
  - mafon
  - thema gwyddonias?
    - aliens
    - doctor who?
    - ardal 51
    - wyneb alien
    - ewch a fi at eich arweinydd
- Cerdyn
  - cath?
  - alien
  - afocad

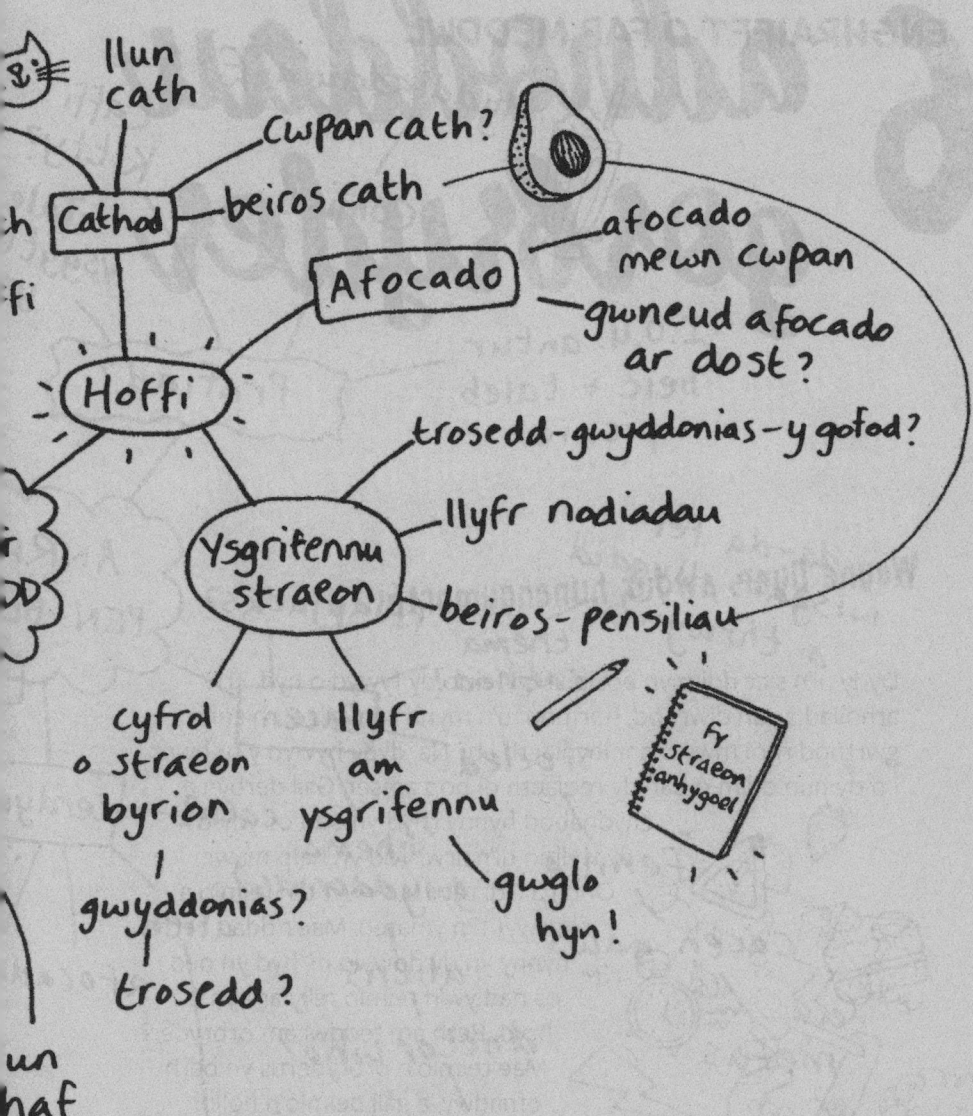

## bod yn hapus, bod yn ti dy hun ...

... drwy wneud amser i weithgaredd creadigol sy'n addas i dy bersonoliaeth, heb fod yn berffaith! Sylwa pan fyddi di'n cael dy ddal gan y llif.

# 6 adnoddau gorbryder

*Alli di ddim rheoli'r hyn sy'n digwydd y tu allan o hyd. Ond galli di reoli'r hyn sy'n digwydd y tu mewn o hyd.*
**Wayne Dyer, awdur hunangymorth**

Dydy hi'n sicr ddim yn bosib i ti gyfeirio dy fywyd o hyd. Tri arholiad ar un diwrnod, hormonau'n mynd yn wallgo, rhieni'n gwrthod rhoi mwy o annibyniaeth i ti? Na, dydy bywyd y tu hwnt i ti dy hun ddim o dan dy reolaeth di bob amser. Gall derbyn a chydnabod hynny (hyd yn oed os ydy o'n dy wylltio di'n arw) fod yn help mawr. Ond galli di reoli sut rwyt ti'n teimlo a sut rwyt ti'n ymateb. Mae'r ddau beth hynny yn dy ddwylo di, hyd yn oed os nad yw'n teimlo felly ar hyn o bryd. Beth am feddwl am orbryder? Mae teimlo'n orbryderus yn beth ofnadwy, a gall deimlo'n hollol lethol. Ond oeddet ti'n gwybod bod sawl ffordd o reoli gorbryder fel nad yw'n dy reoli di?

## gair bach gwyddonol

Cred ymchwilwyr fod newidiadau yn yr ymennydd yn ystod y glasoed – *adolescence* – yn gwneud ymennydd pobl ifanc yn eu harddegau'n fwy agored i iselder a gorbryder. Mae'n bosib y bydd un o bob tri pherson ifanc yn profi rhyw fath o orbryder erbyn eu bod yn 18 oed ac efallai y bydd angen help ychwanegol gan eu meddyg teulu neu arbenigwyr eraill arnyn nhw.

Mae ymchwil hefyd wedi dangos bod y modd rydyn ni'n ymdrin â phethau'n cael effaith uniongyrchol ar faint o orbryder rydyn ni'n ei deimlo. Os oes gyda ti nifer fawr o strategaethau i dy helpu i ymdopi â phryder a gorbryder, byddi di'n llawer mwy gwydn. Newidia sut rwyt ti'n delio â phryder a bydd dy lefelau gorbryder yn gostwng yn gyflym.

## pryd wyt ti'n profi gorbryder?

Yn seicolegol, gall gorbryder wneud i ti deimlo'n bryderus ac yn anesmwyth – mae'n effeithio ar dy gwsg, yn amharu ar dy allu i ganolbwyntio, yn dy wneud di'n flin neu ar bigau drain drwy'r amser ac yn ei gwneud hi'n anodd i ti ymlacio. Gall gorbryder dy wneud di'n ddagreuol neu angen sicrwydd gan eraill.

Yn gorfforol, gall gorbryder wneud i dy galon di guro'n gyflym, gwneud i ti deimlo'n sâl, yn brin o wynt neu'n benysgafn a gall achosi pendro. Gall roi cur pen i ti neu wneud i ti chwysu neu achosi i dy stumog gorddi.

Gall gorbryder deimlo'n ofnadwy, ond mae'n bwysig cofio mai teimlad dros dro yw hwn – mae'n dod fel ton, yn torri ar y traeth ac yn pasio. Os wyt ti'n gallu dod o hyd i ffyrdd o ddelio â'r teimlad, mae'n llai tebygol o dyfu.

# tynna lun neu labela lle neu sut rwyt TI yn teimlo gorbryder

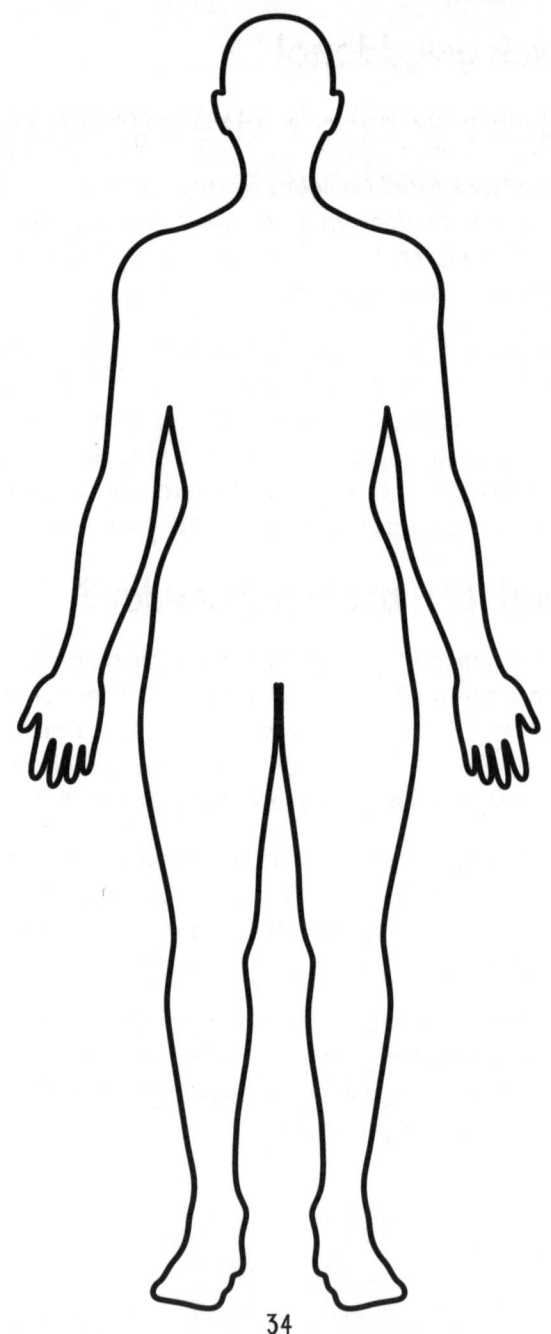

## rho gynnig ar rai o'r strategaethau hyn i leihau gorbryder:

 Teimlo dy draed ar y ddaear

Pan fyddi di'n teimlo'n orbryderus, mae teimlo dy draed ar y ddaear yn gweithio'n wych. Mae'n ymwneud â chymryd rheolaeth ac atgoffa dy hun am beth sy'n real a lle rwyt ti yr eiliad hon.

Rho gynnig arni … **yn gyntaf**, sylwa ar **bum** peth rwyt ti'n gallu eu gweld, yna **pedwar** peth rwyt ti'n gallu eu cyffwrdd, **tri** pheth rwyt ti'n gallu eu clywed, **dau** beth rwyt ti'n gallu eu harogli ac yn olaf, **un** peth rwyt ti'n gallu ei flasu.

 Anadlu

Mae anadlu'n ddwfn a chanolbwyntio ar dy anadlu wedi cael eu defnyddio i dawelu'r meddwl ers miloedd o flynyddoedd. Pan fyddi di'n orbryderus, mae cyfradd curiad y galon yn cynyddu a'r anadlu'n troi'n fas iawn. Mae anadlu dwfn yn helpu i gael mwy o ocsigen i'r gwaed, sy'n helpu gydag ymdawelu a gostwng dy lefelau straen.

Gad i ni ddefnyddio grym dy ddychymyg i dy helpu i anadlu'n ddwfn. Chwilia am le i eistedd yn dalsyth a chanolbwyntia ar dy anadlu naturiol.

Nawr dychmyga bluen yn dy law. Anadla'n ddwfn i mewn gan gyfrif i 4, yna anadla allan yn araf. Dychmyga chwythu'n ysgafn ar y bluen a honno'n symud yn araf. Ailadrodda'r drefn o anadlu i mewn yn ddwfn ac anadlu allan yn ysgafn nes dy fod ti'n teimlo'n dawelach.

### Tynnu sylw

Does dim byd o'i le ar dynnu dy sylw dy hun pan fyddi di'n teimlo'n orbryderus – a dweud y gwir, mae'n strategaeth dda iawn. Sylwa beth sy'n gweithio i ti – cyfri'r gleiniau ar freichled chakra, rhwbio carreg fach neu grisial yn dy boced, datrys problemau mathemategol yn dy ben neu wrando ar gerddoriaeth gyfarwydd sy'n dy dawelu di. Mae angen nerth i dynnu sylw dy feddwl, ond wrth i ti wneud hynny drosodd a thro, bydd hyn yn datblygu'n arferiad defnyddiol iawn.

### Mantra

Siant ysgogol yw mantra, sy'n cael ei hailadrodd i dy sbarduno dy hun. Mae'n aml yn cael ei defnyddio i dawelu'r meddwl wrth fyfyrio. Maen nhw wedi cael eu defnyddio ers canrifoedd i helpu'r meddwl i ganolbwyntio, ac maen nhw'n adnodd gwych i ddelio â gorbryder.

Mae niwrowyddonwyr wedi defnyddio offer delweddu'r ymennydd cywrain i ddangos sut mae mantras yn gweithio, ac wedi darganfod eu bod nhw'n helpu i gael gwared ar sŵn cefndir a thawelu'r system nerfol yn sgil hynny.

Mae yngan pethau fel 'Ommm,' 'Heddwch' neu 'Mae fy meddwl yn glir ac yn dawel' i gyd yn gweithio. Mae unrhyw beth yn addas. Galli di ddewis sain, gair neu hyd yn oed ymadrodd neu weddi fer – o ailadrodd unrhyw beth gan dalu sylw iddo a chanolbwyntio arno, bydd yn dy helpu i ymdawelu.

✏ Pan dwi'n orbryderus, dwi'n teimlo'n ...

✏ Mae'n fy helpu i ...

## bod yn hapus, bod yn ti dy hun ...

... drwy gydnabod sut a lle mae gorbryder yn effeithio arnat ti, a rhoi cynnig ar dechnegau i'w lacio. Mae'r llyfr yn cynnwys llawer mwy o weithgareddau i helpu gyda hyn.

# 7 dod o hyd i dy le hapus

*All neb ddod â heddwch i ti ond ti dy hun.*
Ralph Waldo Emerson, awdur ac athronydd

Mae pobl yn aml yn siarad am eu lle hapus. Wrth i fi ysgrifennu hyn, roedd dros saith miliwn o ddelweddau â'r hashnod *#happyplace* ar Instagram – traethau, bryniau, stafelloedd byw, anifeiliaid, gerddi, chwaraeon, teithio, hobïau.

## gair bach gwyddonol

Mesurodd ymchwilwyr o Brifysgol Surrey weithgarwch ymennydd 20 o wirfoddolwyr wrth ddangos lluniau o olygfeydd, tai, lleoliadau eraill a phethau a oedd yn golygu rhywbeth personol.

Un peth wnaethon nhw sylwi arno oedd bod yr amygdala, y rhan honno o'r ymennydd sy'n gysylltiedig ag ymateb emosiynol, yn effro iawn pan oedd unigolion yn gweld llefydd roedd ganddyn nhw gysylltiadau personol cryf â nhw. Roedd hoff lefydd yn ysgogi teimlad o berthyn, o fod yn gorfforol ac yn emosiynol ddiogel.

## mynd i le hapusach

Does dim rhaid i dy le hapus di fod yn lle rwyt ti'n gallu mynd iddo'n gorfforol. Yn aml iawn, rydyn ni'n gaeth i sefyllfa neu leoliad. Ond rwyt ti'n gallu mynd yno *yn dy feddwl*, felly mae'n werth cael lle hapus pan fydd angen i ti ddianc rhag straen, pryder, gorbryder neu feddyliau negyddol.

Neilltua gyfnod tawel i weithio ar hyn. Gwna dy hun yn gyfforddus, anadla'n ddwfn ...

Treulia beth amser yn breuddwydio am le sy'n gwneud i ti deimlo'n hapus ac yn ddiogel. Gweithia ar dy holl synhwyrau nes y byddi di'n gallu ei ddwyn i gof yn sydyn a gweld, arogli, clywed, cyffwrdd a hyd yn oed blasu pethau yn y lle hwnnw.

Pan fydd angen rhyw faint o lonyddwch arnat ti, ar ddechrau diwrnod prysur, ar y bws neu wrth gerdded i'r ysgol, rho funud i gofio dy le hapus.

✎ Disgrifia dy le hapus, neu rho lun ohono yn dy ddyddiadur neu rywle lle byddi di'n ei weld bob dydd.

Sut rwyt ti'n dod â thawelwch dy le hapus i dy fywyd bob dydd? Yn dy fywyd go iawn, mae cael gwared ar annibendod a chyflwyno elfennau o dy le hapus i dy lofft i gyd yn gallu helpu.

**Bod yn hapus, bod yn ti dy hun ...**

... drwy ddefnyddio dy holl synhwyrau i greu lle hapus

# 8 chwynnu dy bryderon

> Dydy pryderu byth yn cael gwared ar dristwch yfory. Y cyfan mae'n ei wneud yw sugno'r llawenydd o heddiw.
> Leo F. Buscaglia, awdur a darlithydd

Yn anffodus, emosiwn gwastraff yw pryder yn aml. Mae bodau dynol yn treulio cyfnodau hir yn poeni am bethau sy'n annhebygol iawn o ddigwydd byth (apocalyps sombi), pethau sy'n digwydd yn hollol wahanol i'r pryder ei hun (rwyt ti'n pasio'r arholiad) neu sy'n well na'r disgwyl (rwyt ti'n cyfarfod â dy ffrind gorau newydd mewn parti nad oedd gyda ti awydd mynd iddo o gwbl).

Mae'r ymennydd yn defnyddio pryderon hefyd i ddweud wrthot ti am wneud rhywbeth, felly mae llunio cynllun gweithredu yn hytrach na gadael i bryderon dy lyncu di yn dacteg wych. Byddwn ni'n edrych ar gymhelliant mewn pennod arall, sy'n fuddiol iawn os wyt ti'n poeni am y pethau mae angen i ti eu gwneud. Bydd yr adran hon yn dangos i ti sut i chwynnu'r meddyliau negyddol hynny.

## gair bach gwyddonol

Proses o herio'r patrymau meddwl negyddol sy'n gwneud i ni deimlo'n bryderus, dan straen neu'n orbryderus a rhoi meddyliau mwy cadarnhaol a realistig yn eu lle yw herio meddyliau.

Daw'r dechneg yma o faes Therapi Gwybyddol Ymddygiadol (*CBT: Cognitive Behavioural Therapy*), sy'n swnio'n rhywbeth dyrys a chymhleth i'w gyflawni, ond synnwyr cyffredin ydyw yn y bôn.

Mae rheoli pryder yn ymwneud â *nodi dy feddyliau, eu herio a chyfnewid meddyliau negyddol am rai mwy realistig*. Dychmyga am funud mai gardd lysiau yw dy ymennydd. Herio meddyliau yw'r gwaith o chwynnu meddyliau negyddol fel bod mwy o le i'r rhai cadarnhaol dyfu.

Weithiau, gall pryderon droi mewn cylchoedd a dy dynnu i lawr, felly mae'n bwysig iawn i ti fod ag ambell dric syml i fyny dy lawes.

## adnabod dy bryderon

- Gwna nodyn yn dy ddyddiadur o'r pethau sy'n achosi gorbryder. Gall gwneud dim ond eu cael nhw allan o dy ben ddod â rhyddhad enfawr. Anadla'n ddwfn.

- Llongyfarcha dy hun am wynebu dy bryderon. Ceisia lacio dy afael ar dy bryderon am ychydig. Tro'n ôl at dy dudalen bryderon drannoeth a gofyn i ti dy hun a yw pob pryder yn dal i fod yn broblem ai peidio. Os nad yw, rho linell drwy'r pryder. Os yw'n dal i fod yn berthnasol, mae'n bryd i ti drefnu sesiwn bryderu ...

## trefnu sesiwn pryderu

Yn hytrach na gadael i bryder reoli, galli di reoli'r sefyllfa drwy drefnu amser i bryderu. Cytuna ar amser gydag oedolyn y galli di ymddiried ynddo, neu ffrind agos iawn, a siarada â nhw am yr hyn sy'n dy boeni di. Fel arall, noda dy bryderon ar bapur.

Cadwa at derfyn amser o 10–20 munud fel nad yw'n mynd ymlaen ac ymlaen ac yn tyfu'n fwy a mwy o beth. Canolbwyntia'n gyntaf ar emosiynau ac yna ar atebion – mae gorffen gydag atebion yn gwneud i ti deimlo'n llawer mwy cadarnhaol!

## creu dy goeden bryderu dy hun

Wyt ti'n gallu defnyddio'r goeden bryderu i herio pryder styfnig? Cafodd y goeden bryderu ei chynnwys yn y llyfr *Managing Your Mind* gan yr arbenigwyr iechyd meddwl a CBT, Butler a Hope, yn 2007.

## bod yn hapus, bod yn ti dy hun ...

... drwy ystyried a yw pryderon yn werth gwastraffu egni arnyn nhw ai peidio, drwy greu lle ar gyfer sesiynau pryderu i ddatrys problemau, a thrwy ddefnyddio strategaethau sy'n gadael i ti lacio dy afael ar dy bryderon.

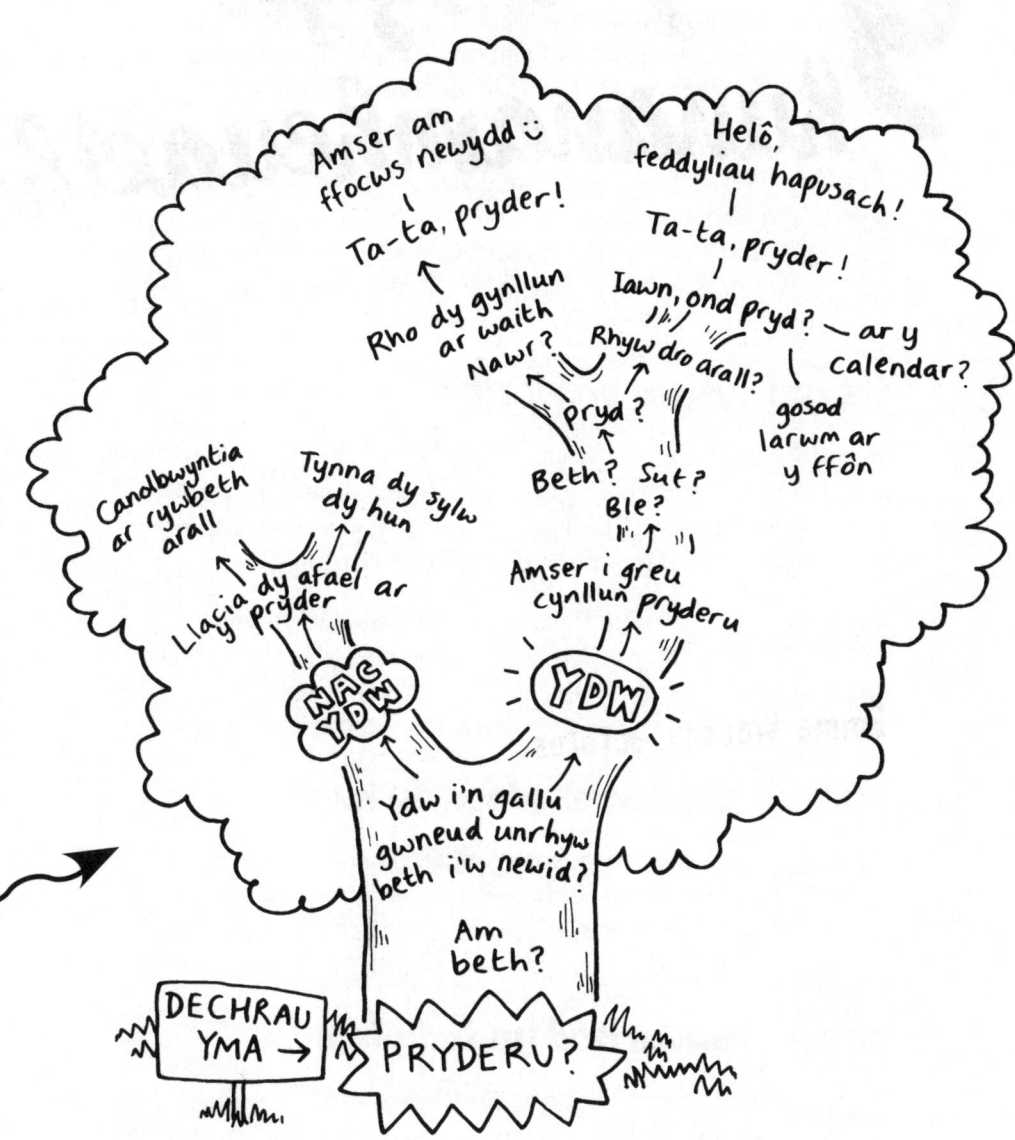

# 9 goresgyn hunanamheuaeth

Pan oeddwn in iau, roeddwn in gwneud. Yn actio. Felly nawr, pan fydda in cael cydnabyddiaeth am fy actio, dwin teimlo'n anhygoel o anghyfforddus. Dwin tueddu i fynd yn fewnblyg, yn teimlo fel twyllwr. Roedd yn rhywbeth roeddwn in ei wneud a dyna ben.
**Emma Watson, actores**

Dwin meddwl bod y bobl fwyaf creadigol yn pendilio rhwng uchelgais a gorbryder, amheuaeth a hyder. Dwin sicr yn gallu uniaethu â hynny. Mae'n brofiad cyffredin i bawb. "Ydw in gwneud y peth iawn?" "Ai dyma beth dwi fod iw wneud?"
**Daniel Radcliffe, actor**

Wyt ti'n teimlo weithiau dy fod ti'n amau dy hun, hyd yn oed pan wyt ti'n gwybod dy fod ti'n gallu gwneud rhywbeth neu'n gwybod dy fod ti'n dda am wneud rhywbeth?

Pan fyddi di'n siarad â rhywun, efallai y byddi di'n poeni ei fod yn mynd i sylweddoli dy fod ti'n gymdeithasol lletchwith? Wrth roi cyflwyniad yn yr ysgol, efallai y bydd di'n ysu i gael gorffen gan dybio y byddai pobl eraill yn gallu gwneud gymaint gwell? Waeth faint o weithiau rwyt ti wedi gwneud rhywbeth, bob tro rwyt ti'n dechrau prosiect gwaith cartref, gêm, sesiwn hyfforddi, gwers gerddoriaeth, darlun neu gerdd newydd, efallai dy fod ti'n poeni na fyddi di'n ddigon da neu y byddi di'n gwneud ffŵl ohonot ti dy hun?

## gair bach gwyddonol

Wyt ti wedi clywed am syndrom twyllwr – *impostor syndrome*?

Twyllwr yw rhywun sy'n amau ei lwyddiannau neu ei allu i wneud pethau, rhywun sy'n poeni y bydd pobl yn sylweddoli ei fod yn ffugio.

Yn yr 1970au, astudiodd y seicolegwyr Dr Pauline R. Clance a Dr Suzanne A. Imes 150 o fenywod llwyddiannus iawn. Roedden nhw'n gwneud argraff ar eu cyd-weithwyr, wedi ennill gwobrau ac wedi sgorio'n uchel mewn profion, ond roedden nhw'n dal i ystyried mai lwc, nid dawn, oedd wrth wraidd eu llwyddiant.

Dangosodd gwaith ymchwil diweddarach nad menywod llwyddiannus yw'r unig rai sy'n dioddef o syndrom twyllwr. Mae amau ein doniau a phoeni y bydd pobl yn dod i weld mai ffugwyr ydyn ni, yn brofiad dynol cyffredin.

## dy gefnogi dy hun

Mae angen dewrder i oresgyn hunanamheuaeth. Ond os gwnei di edrych yn ôl ar dy lwyddiannau a'th brofiadau blaenorol, galli di godi llaw a dweud ffarwél wrth hunanamheuaeth!

- Tynna lun bwrdd â phedair coes.

- Ar ben y bwrdd, noda'r sefyllfa neu'r dasg sy'n achosi dy hunanamheuaeth. Gweithgaredd cymdeithasol efallai, neu brosiect ysgol, arholiad, swydd dydd Sadwrn neu hobi.

- Ar bob un o goesau'r bwrdd, noda enghraifft o adeg pan wnest di lwyddo i gyflawni rhywbeth. Gallai'r pedwar peth fod yn debyg. Ond os nad wyt ti erioed wedi gwneud y dasg hon neu wedi bod yn y sefyllfa hon o'r blaen, meddylia'n greadigol am y sgiliau bydd eu hangen arnat ti a meddylia am sefyllfaoedd eraill a allai helpu.

- Os wyt ti'n teimlo pwl o hunanamheuaeth, cofia fod coesau cryf y bwrdd yn dy gynnal di, felly does dim perygl i'r bwrdd siglo!

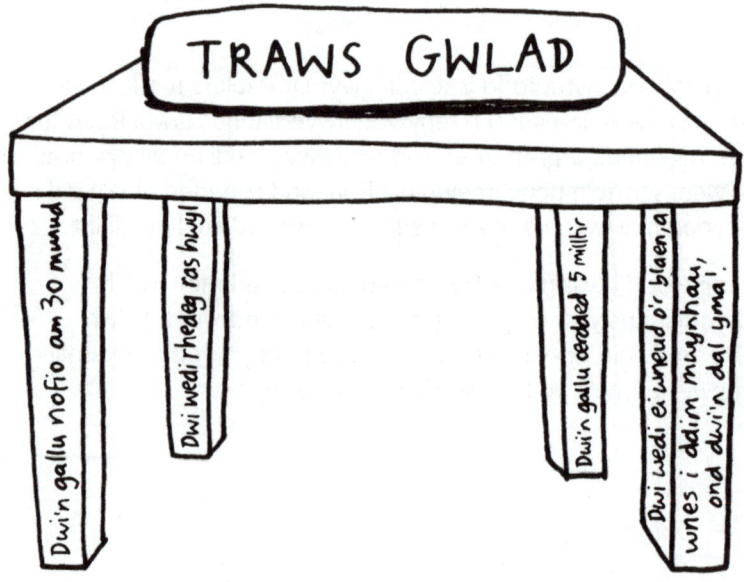

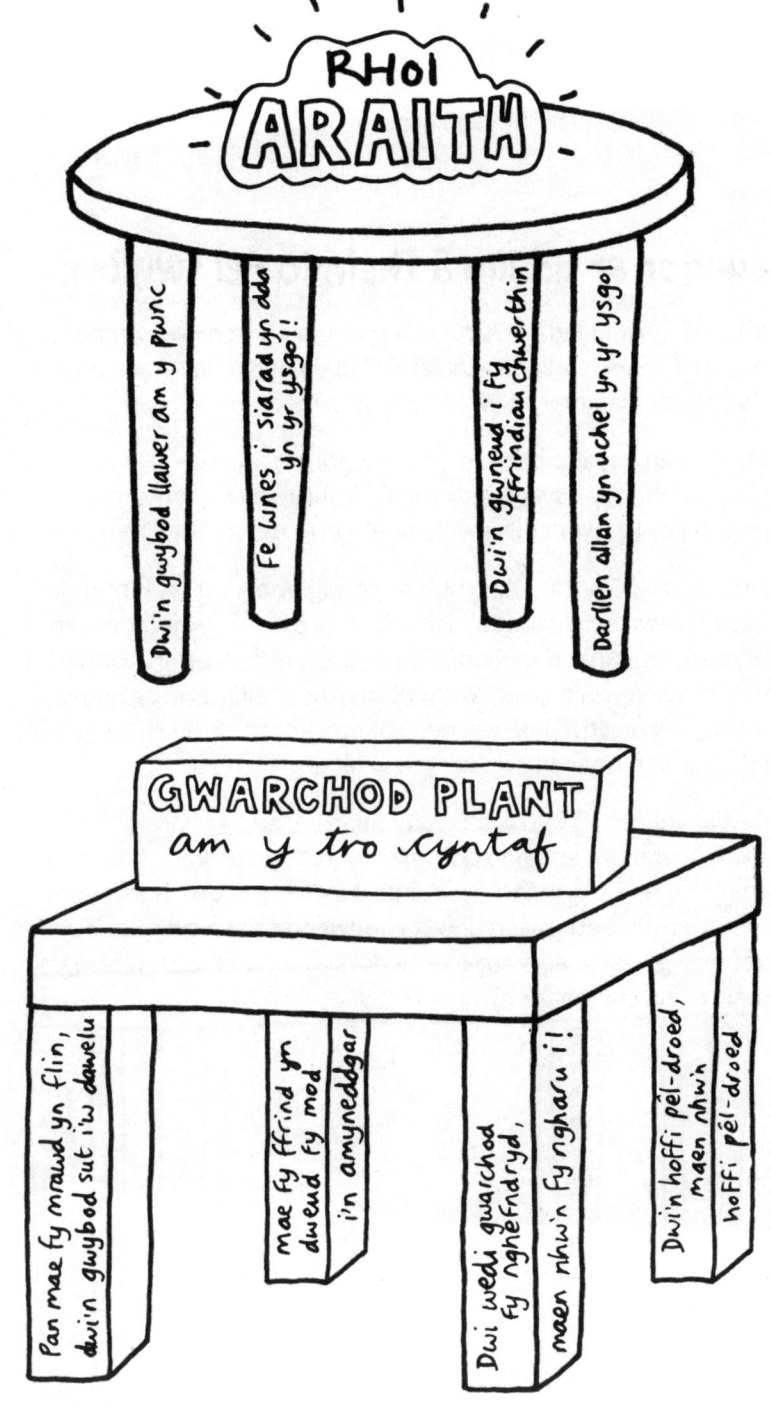

## cyngor ar ddelio â theimlo fel twyllwr

Rhanna dy deimladau. Byddi di'n synnu o glywed bod y rhan fwyaf o bobl yn cael teimladau o'r fath. Hyd yn oed y prif actorion yn rhai o'r ffilmiau mwyaf llwyddiannus erioed.

Mae'r rhan fwyaf o bobl yn pryderu gormod am eu hunanamheuon i sylwi ar dy rai di! Treulia ychydig amser yn gwylio pobl a byddi di'n gweld bod hyn yn hollol wir.

Helpa eraill. Gall canolbwyntio ar annog pobl eraill sy'n brin o hyder mewn sefyllfaoedd cymdeithasol dynnu dy sylw oddi ar bryderu amdanat ti dy hun, oherwydd ei fod yn gyfle i ti ymarfer dy sgiliau. Wyt ti'n gallu cynnwys rhywun arall mewn sgwrs, rhywun sy'n cadw'n dawel, neu ganmol gorchestion rhywun arall, neu siarad â rhywun sy'n edrych yn anghyfforddus?

Ceisia wrando yn hytrach na chymharu. Mae cymharu dy hun â phobl eraill yn arwain at chwilio am ddiffygion ynot ti dy hun. Yn hytrach na chymharu, gwranda'n astud ar stori'r bobl hynny, meddylia am beth maen nhw'n ei ddweud mewn gwirionedd, gofynna gwestiynau – sut galli di ddysgu mwy amdanyn nhw yn hytrach na chymharu dy hun â nhw?

Pan wyt ti'n teimlo'n sigledig, cyfynga ar yr amser rwyt ti'n ei dreulio ar y cyfryngau cymdeithasol. Mae pryderu am beth mae pawb arall yn ei wneud yn gallu gwneud yr hunanamheuaeth yn waeth o lawer. Cymharu yw lleidr llawenydd!

Gwna'n siŵr fod gyda ti nodau a chadwa atyn nhw.

Pan fyddwn ni'n teimlo fel twyllwr, mae'n golygu ein bod ni'n meddwl mai lwc, nid dawn, sydd wrth wraidd ein llwyddiant.

Mae angen i ni droi hynny ben i waered ...

Rhaid i ti gydnabod a dathlu dy gyflawniadau, mawr neu fach.

/ Rhestra dy holl lwyddiannau ar dudalen yn dy ddyddiadur. Ychwanega ati'n gyson.

## bod yn hapus, bod yn ti dy hun ...

... drwy ddathlu dy lwyddiannau, a meithrin dy hyder wrth wynebu heriau newydd, gan helpu eraill a pheidio â chymharu.

# 10 meddylgarwch

> Mae diwrnod o feddwl am yr hyn a allai ddigwydd, a ddylai ddigwydd neu a allai fod wedi digwydd yn ddiwrnod wedi'i golli.
> Headspace.com

Efallai ei fod yn debyg i ddull modern cŵl o fod yn 'Zen', ond mewn gwirionedd, mae meddylgarwch yn grefft hynafol. Mae myfyrdod (math o feddylgarwch) yn bod ers miloedd ar filoedd o flynyddoedd ac mae biliwn o bobl wedi'i ymarfer, sy'n awgrymu ei fod yn eithaf defnyddiol, yn tydy?

Mae meddylgarwch yn ymwneud â bod yn gwbl bresennol a rhoi dy sylw i'r foment, gan beidio â phoeni am y gorffennol na'r dyfodol.

Mae angen i ni fod yn fwy cadarn bresennol yn y foment fel bod y meddwl yn gallu ymlacio a ninnau'n gallu bod yn glir ein meddwl. Mae'n ffordd wych o lacio straen a thensiwn.

## gair bach gwyddonol

Mae astudiaethau'n dangos bod ein meddwl yn crwydro yn ystod 50 y cant o'n hamser effro, a gall hyn achosi llawer iawn o deimladau dryslyd i ni. Profwyd bod pobl sy'n ymarfer meddylgarwch yn rheolaidd yn gallu canolbwyntio'n well a bod ganddyn nhw lefelau is o'r hormon straen cortisol.

Mae angen ychydig llai o straen a gorbryder arnon ni i gyd yn ein bywydau!

Dangosodd ambell astudiaeth fod meddylgarwch lawn cystal â gwrthiselyddion – *antidepressants* – i drin symptomau iselder ysgafn neu gymedrol.

## gair meddylgarwch

Nod yr ymarfer syml ond pwerus hwn yw rhoi lle meddyliol i ti dy hun, a'th helpu i fod yn gyfan gwbl yn y foment, gan ganiatáu i dy bryderon a'th ofnau ddiflannu er mwyn i ti allu ymlacio.
Â dy lygaid ar agor neu ar gau, dewisa di.

 Meddylia am air sy'n gwneud i ti deimlo'n dawel, gair fel ...

- Dwed y gair yn araf ac yn gyson yn dy feddwl. Dwed y gair wrthot ti dy hun â phob anadl, i mewn ac allan.
- Os wyt ti ar dy ben dy hun (neu ddim yn swil o gwbl) dwed y gair yn uchel rhwng pob cylch anadlu.
- Canolbwyntia dy sylw'n dyner ar y gair. Sylwa ar unrhyw feddyliau sy'n codi a gad iddyn nhw fynd yn araf deg.

Gwna hyn bob dydd am wythnos. Treulia fwy o amser ar yr ymarfer fesul tipyn. Unwaith rwyt ti wedi arfer, galli di ei wneud unrhyw bryd, ble bynnag mae angen i ti ymlacio – ar y bws, ar y tŷ bach neu hyd yn oed yn y stafell ddosbarth.

## meddwl tawel

Bydd meddyliau a theimladau'n codi yma ac acw wrth i ti ymarfer meddylgarwch. Mae hyn yn gwbl naturiol. Ceisia wneud dim byd mwy na sylwi arnyn nhw – nid ti ydyn nhw – a byddan nhw'n cilio eto.

Gall cadw meddwl tawel fod yn anodd iawn ar y dechrau, a rhaid ymarfer yn rheolaidd. Ond mae'n werth ei wneud. Y nod yw gallu bod yn wrthrychol am dy feddyliau a'th deimladau, yn hytrach nag ar eu trugaredd.

## bod yn hapus, bod yn ti dy hun ...

... drwy arbrofi ar ffyrdd gwahanol i ymarfer meddylgarwch – cerdded, arsylwi, delweddu, ymarferion anadlu ac yn y blaen. Rho gynnig ar ambell un i weld beth sy'n gweithio i ti.

# 11 hyder yn y corff

Mae pobl yn dal i roi harddwch mewn bocs cul a chyfyng. Meddylia y tu allan i'r bocs. Gwna adduned i edrych yn y drych a gweld yr harddwch unigryw sydd ynot ti.

**Tyra Banks, model ac entrepreneur**

Gall sut rydyn ni'n teimlo am ein cyrff gael effaith enfawr arnon ni.

Gall delwedd corff gwael gael fwy o effaith ar ansawdd dy fywyd nag rwyt ti'n ei sylweddoli – gall arwain at anhwylderau bwyta, gorbryder cymdeithasol, iselder a hunan-niweidio. Mae hyder yn y corff, ar y llaw arall, yn gwneud i ni deimlo'n dda.

### gair bach gwyddonol

Darganfu gwaith ymchwil a gyhoeddwyd yng nghylchgrawn *Body Image* mai:

- Teimladau menyw am ei delwedd corff yw'r trydydd rhagfynegydd cryfaf o'i hapusrwydd mewn bywyd.
- Teimladau dyn am ei ymddangosiad yw'r ail ragfynegydd cryfaf o'i hapusrwydd.

Yn gam neu'n gymwys, o ran ein hapusrwydd, mae angen i ni gyrraedd pwynt lle rydyn ni'n teimlo'n dda am ein cyrff.

## newid beth rwyt ti'n ei weld:

Mewn un astudiaeth, roedd cyfranogwyr yn cael gweld delweddau Instagram o

1. Enwogion
2. Cyfoedion deniadol
3. Cyrchfannau teithio

Roedd y rhai a welodd y delweddau o'r enwogion a'r cyfoedion wedi profi hwyliau mwy negyddol a mwy o anfodlonrwydd â'u cyrff na'r rhai a welodd y delweddau teithio.

## felly beth allwn ni wneud?

Gall defnyddio'r cyfryngau cymdeithasol sy'n gysylltiedig ag edrychiad achosi anhapusrwydd, felly ceisia ddilyn cyfrifon sy'n rhannu negeseuon hyderus am y corff. Gwylia raglenni teledu a dilyna chwaraeon lle mae pob math o bobl yn cael eu cynrychioli, fel reslo, taflu'r waywffon, gemau Paralympaidd, gymnasteg, taflu pwysau. Pryna gylchgronau sydd â rhywbeth i'w ddweud ac sy'n dangos amrywiaeth yn hytrach na rhai sy'n canolbwyntio ar fodelau a dillad neu ar gywilyddio'r corff.

Paid â dilyn diwylliant sy'n gwneud i ti deimlo'n wael.

Mae newid lle rwyt ti'n edrych yn beth pwerus iawn i'w wneud.

## llythrennedd yn y cyfryngau

Mae ymchwil wedi dangos bod lefelau gwell o hyder yn y corff gan bobl ifanc sy'n fwy ystyriol o sut maen nhw'n defnyddio'u cyfryngau. Os wyt ti eisiau rheoli'r hyn rwyt ti'n ei weld ar y cyfryngau cymdeithasol, mae'n werth i ti gofio'r acronym COChA.

**C**ymharu – dydy hyn ddim yn beth iach i'w wneud, ac mae'n aml yn gwneud i ni deimlo'n anfodlon, felly canolbwyntia ar dy gryfderau dy hun yn lle hynny.

**O**sgoi – mae angen i ti osgoi'r cyfryngau cymdeithasol os ydyn nhw'n dy wneud di'n anhapus.

**Ch**wynnu – chwynna dy gyfrifon, a chael gwared ar y rhai sy'n gwneud i ti deimlo'n ansicr.

**A**sesu – mae angen i ti bwyso a mesur yr hyn rwyt ti'n ei weld. Mae llawer iawn o ddelweddau'n rhai ffug, neu wedi'u cynllunio'n fwriadol i werthu rhywbeth i ti.

Drwy feithrin llythrennedd yn y cyfryngau, galli di reoli pethau unwaith eto.

## atgyfnerthu hyder yn y corff

Mae pawb sydd wedi byw erioed yn unigryw ac yn ddiddorol. Beth am edrych ar yr holl bethau amdanat ti sy'n dy wneud di'n hapus? Chwilia am y pethau cadarnhaol ac fe gei di hyd iddyn nhw. Beth wyt ti'n hoffi amdanat ti?

Os wyt ti'n dechrau siarad yn negyddol â ti dy hun am sut rwyt ti'n edrych, STOPIA ar unwaith. Fyddet ti'n siarad â dy ffrind gorau fel yna? Na fyddet – byddet ti'n llenwi meddwl dy ffrind â phethau cadarnhaol ac yn eu dathlu. Rhaid i ti drin dy hun yr un fath!

## rwyt ti'n anhygoel

Y tro nesaf rwyt ti eisiau lladd ar dy gorff mewn rhyw ffordd, yn hytrach, meddylia am y pethau hollol anhygoel mae'n gallu eu gwneud.

Rho gynnig ar gwblhau'r brawddegau isod.

- Mae fy mreichiau'n gallu
- Mae fy nghoesau'n gallu
- Mae fy nwylo'n gallu
- Mae fy ngwefusau'n gallu
- Mae fy nghluniau'n gallu
- Mae fy stumog yn gallu
- Mae fy nhraed yn gallu
- Mae fy llygaid yn gallu
- Mae fy nghlustiau'n gallu

Mae dy gorff yn anhygoel.

## bod yn hapus, bod yn ti dy hun ....

... drwy werthfawrogi bod llawer mwy i dy gorff na'r ffordd mae'n edrych.

# 12 bwyta meddylgar

### Wrth gerdded, cerdda. Wrth fwyta, bwyta.
**Dihareb Zen**

Rwyt ti'n gyfarwydd bellach â'r syniad fod yr arddegau'n gyfnod o dwf a newid cyflym. Felly, mae bwyd ac ymarfer corff yn hynod bwysig. Mae dy gorff yn newid mor gyflym fel bod angen maetholion ychwanegol arno.

Yn ystod yr arddegau, rwyt ti hefyd yn cymryd mwy o gyfrifoldeb personol am fwydo dy gorff a gwneud dewisiadau am fwyd. Mae hynny ar ben popeth arall rwyt ti'n gorfod ceisio ymdopi â nhw.

Felly, pan fyddi di'n brysur ac yn wynebu'r holl ddewisiadau hynny, does ryfedd dy fod ti weithiau'n dewis yr opsiynau llai iach.

Dydy pobl ifanc yn eu harddegau ddim yn enwog am fwyta'n iach. Dengys data arolwg cenedlaethol gan Sefydliad Maeth Prydain fod pobl ifanc, ar y cyfan, yn bwyta lefelau uwch o asidau brasterog dirlawn, halen a siwgrau ychwanegol nag a argymhellir, ac nad ydyn nhw'n cael digon o faetholion penodol na digon o ymarfer corff.

Ond mae bod ar ddeiet yr un mor afiach ...

## gair bach gwyddonol

Mae Josie Spinardi wedi ysgrifennu am ddwy astudiaeth ddiddorol iawn. Yn gyntaf, adolygiad o bob astudiaeth deiet hirdymor a gyhoeddwyd erioed gan Brifysgol California, a ddaeth i'r casgliad mai un o'r ffyrdd gorau o ddarogan magu pwysau oedd bod wedi colli pwysau ar ddeiet yn y gorffennol.

Yn yr 1940au, yn sgil prinder bwyd ar ôl yr Ail Ryfel Byd, gofynnwyd i wyddonwyr ymchwilio i lefelau diogel ar gyfer dogni wedi'r rhyfel. Ond gwir ganlyniad yr astudiaeth oedd sylweddoli cymaint yr oedd deiet yn ansefydlogi pobl yn feddyliol. Yn rhyfeddol, rhoddwyd llai o galorïau na'r hyn roedden nhw ei angen fel arfer i ddynion a oedd yn feddyliol ac yn gorfforol iach. O fewn dim, roedden nhw wedi datblygu obsesiwn llwyr â bwyd, yn prynu llyfrau coginio, yn meddwl am fwyd yn gyson ac yn cynllunio prydau bwyd. Roedd rhai'n cnoi gwm ac yn gorfwyta ar y slei os oedden nhw'n dod o hyd i fwyd, rhai'n dwyn bwyd ac eraill yn dioddef o iselder a hwyliau gwael. Datblygodd un obsesiwn â gwylio pobl eraill yn bwyta, hyd yn oed.

Dydy bod ar ddeiet ddim yn swnio'n iach yn feddyliol nac yn gorfforol felly, nac ydy?

Mae'r ffyrdd gorau o fod yn iach yn syml:

1. Bwyta deiet cytbwys.
2. Bwyta'n feddylgar.

## cydbwysedd iach

Mae'n siŵr dy fod ti'n gwybod beth yw platiaid iach o fwyd. Rwyt ti wedi clywed hyn dro ar ôl tro ers i ti fod yn yr ysgol gynradd. Mae deiet iach yn gytbwys, â lefel gymedrol o ddanteithion.

Yn anffodus, ychydig iawn o faeth sydd gan hufen iâ, creision, cacennau, siocled a bisgedi, felly mae angen eu trin fel danteithion achlysurol. Mae'n llawer haws gwneud hynny pan fyddi di'n bwyta'n feddylgar.

## sut i fwyta'n feddylgar

Mae ymchwil yn awgrymu mai rhywbeth meddylgar yw bwyta'n iach. Mae'n ymwneud â meddwl pa fwyd mae'n rhaid i dy gorff di ei gael, a bwyta yn ôl dy chwant am fwyd. Cred neu beidio, mae cyrff dynol yn gwybod sut i wneud hynny'n naturiol, ond mae angen i ni wrando go iawn ar ein cyrff i gofio sut i wneud hyn.

Dechreua drwy ddewis un pryd y dydd i roi'r cyngor hwn ar waith ...

- Gwranda ar arwyddion chwant bwyd dy gorff. Dylet ti fwyta pan mae eisiau bwyd arnat ti a dim ond nes dy fod ti'n llawn.

- Os oes gyda ti ddewis o fwyd, treulia ychydig o amser yn meddwl am effaith y bwyd rwyt ti'n ei ddewis ar dy deimladau, yn feddyliol ac yn gorfforol, nid yn unig wrth i ti ei fwyta, ond wedyn hefyd.

- Eistedda i fwyta ac aros yno nes dy fod ti wedi gorffen, yn hytrach na chrwydro o gwmpas neu wneud pethau eraill.

- Defnyddia dy synhwyrau – sylwa ar liw, arogl, sŵn, naws a blas dy fwyd.

- Paid â gadael i'r teledu neu'r ffôn dynnu dy sylw wrth i ti fwyta.

- Mae angen bwyta'n araf – mae'n cymryd 20 munud i arwyddion fod y stumog yn llawn gyrraedd yr ymennydd!

- Gwerthfawroga dy fwyd a bydd yn ddiolchgar amdano.

- Sylwa sut mae gwahanol fwydydd yn gwneud i ti deimlo, nid dim ond pan fyddi di'n eu bwyta, ond wedyn.

- Dysga wahaniaethu rhwng chwant bwyd go iawn a theimlo'r angen i fwyta am resymau eraill, fel straen neu ddiflastod.

- Bydda'n ymwybodol o emosiynau'n cymysgu â bwyd – mae euogrwydd a gorbryder am fwyd yn creu problemau yn hytrach na'u datrys.

- Helpa i gynllunio prydau bwyd teulu, dysga sut i goginio a pharatoi prydau sy'n cyffroi dy synhwyrau go iawn!

✎ Disgrifia dy hoff bryd bwyd iach, gan ddefnyddio cymaint o eiriau â phosib i ddisgrifio pob un o'r synhwyrau. Tro'n ôl at y disgrifiad hwn pan fydd angen dy atgoffa i fwyta'n iach ac yn hapus.

## bod yn hapus, bod yn ti dy hun ...

... drwy ymarfer strategaethau bwyta meddylgar i dy helpu i ganolbwyntio ar fod yn iach ac yn hapus o gwmpas bwyd.

# 13 sut i fod yn bendant

> Ein dull o gyfathrebu ag eraill ac â ni ein hunain sy'n penderfynu ansawdd ein bywydau yn y pen draw.
> Anthony Robbins, awdur a hyfforddwr bywyd

Mae bod yn bendant yn grefft fydd yn rhyfeddol o fanteisiol i ti. Awgrymwn dy fod ti'n ei wneud yn gyson nes dod yn arferiad (dyna ni'n bod yn bendant).

Mae'n rhaid i ti YMARFER bod yn bendant! Gwna hynny NAWR neu ...!!!!! (wps – braidd yn ymosodol).

Ym, mae'n bosib y byddet ti eisiau meddwl am fod yn bendant efallai, petaet ti'n hoffi gwneud hynny? (Dyna ni'n bod yn oddefol.)

## gair bach gwyddonol

Mae ymchwil wedi dangos ein bod ni'n fwy bregus ac yn fwy tebygol o ddioddef iselder pan fyddwn ni'n llai pendant. Mae hyn yn rhannol oherwydd nad ydyn ni'n teimlo mai ni sy'n rheoli'r hyn sy'n digwydd i ni.

Os wyt ti'n bendant, rwyt ti'n datgan yn glir ac yn groyw: Dwi'n parchu fy hun.

Os wyt ti'n parchu dy hun, mae'n LLAWER mwy tebygol y bydd pobl eraill yn dy barchu di hefyd. Byddi di'n hapusach oherwydd does neb yn sathru arnat ti, a dwyt ti ddim yn sathru ar neb arall (dydy'r naill neu'r llall ddim yn teimlo'n braf).

## galli di ddysgu bod yn bendant

Mae pobl oddefol yn osgoi edrych i fyw llygaid eraill, maen nhw'n siarad yn dawel a dydyn nhw ddim yn lleisio'u barn. Maen nhw'n aml yn cael eu hanwybyddu.

Mae pobl ymosodol yn gweiddi ac yn mynnu eu bod nhw'n cael beth maen nhw'n gofyn amdano. Yn aml, dydy pobl eraill ddim yn eu hoffi nhw.

Mae pobl bendant yn gwrtais, yn edrych yn hyderus ac yn hamddenol ac yn datgan yn glir beth maen nhw ei eisiau, beth maen nhw'n ei feddwl, ei deimlo neu ei angen. Maen nhw'n defnyddio datganiadau 'Dwi'. Maen nhw'n parchu pobl eraill.

Does dim angen i ti gael dy eni â phersonoliaeth bendant – mae'n rhywbeth rwyt ti'n gallu'i ddysgu (fel jyglo).

## sut mae hynny'n helpu??

Gall bod yn bendant dy helpu mewn ffyrdd rhyfeddol, fel dadlau dros dy hawliau. Gall dy helpu i ddweud beth rwyt ti am ei weld yn digwydd, gofyn cwestiynau a chael gafael ar help. Gall dy helpu i ddweud na.

## felly, gad i ni ymarfer ...

Mae angen i ti ystyried a chynllunio.

Cyn i ti ymateb mewn unrhyw sefyllfa, ystyria a chynllunia dy ymateb pendant.

Rho gynnig ar hyn ...

Mae rhywun does gyda ti ddim diddordeb ynddo yn gofyn i ti fynd ar ddêt. Rho gylch o gwmpas yr ymateb pendant:

1. Na, dim diolch.
2. Paid â bod yn wirion. Pam fyddwn i eisiau mynd allan gyda ti?
3. Dwi ddim wir yn siŵr ... efallai, o, iawn, waeth i fi wneud, mae'n debyg ...

Mae'r ymateb pendant (rydyn ni'n gwybod dy fod ti wedi dewis yr un cywir) yn gwrtais ac yn glir. Mae'n osgoi sefyllfaoedd anodd ac mae'n osgoi brifo teimladau rhywun yn fwy nag sydd angen (efallai y bydd ei deimladau wedi'u brifo, ond nid dy gyfrifoldeb di yw hynny!).

Dechreua fod yn bendant am bethau bach, fel gofyn i dy rieni am gael mynd i'r gwely'n hwyrach. Tria ymarfer gyda'r pethau bach nes i ti deimlo'n ddigon cryf ac yn barod i daclo'r pethau mawr. Yn aml, mae ofn, amheuaeth neu euogrwydd yn ein hatal ni, ond wrth roi cynnig arni, rydyn ni'n sylweddoli'n fuan nad yw rhoi cynnig ar ddweud dy ddweud yn ddiwedd y byd.

Mae gwylio pobl yn dawel bach yn hwyl garw. Gwylia bobl bendant sy'n dweud sut maen nhw'n teimlo a'r hyn maen nhw eisiau mewn ffordd barchus. Cadwa nodiadau a chopïa eu hymddygiad nhw. Y byd o dy gwmpas yw'r athro gorau.

## bod yn hapus, bod yn ti dy hun ...

... drwy ofalu amdanat ti dy hun a'th anghenion drwy gydol dy fywyd, ac ymarfer bod yn bendant nes iddo ddod yn ail natur i ti.

# 14 Cysgu'n dda

> Pum munud yn fwy yw faint o gwsg sydd angen ar berson cyffredin.
> 
> **Wilson Mizner, dramodydd**

Felly, sut wyt ti'n cysgu ar hyn o bryd?

Ydy hi'n anoddach i ti fynd i gysgu ac ydy codi yn anoddach o lawer? Ydy pobl yn dweud dy fod ti'n ddiog? Mae cwsg yn newid yn ystod yr arddegau (a does ganddo ddim i'w wneud â diogi).

### gair bach gwyddonol

Yn ystod y nos, mae lefelau'r 'hormon tywyllwch' melatonin yn cynyddu, gan ein helpu i syrthio i gysgu. Mae'r rhan fwyaf o oedolion yn dechrau cynhyrchu melatonin tua 10 y.h. Ond gwelodd astudiaeth o bobl ifanc mewn labordy cwsg mai dim ond am un o'r gloch y bore roedden nhw'n dechrau cynhyrchu'r hormon.

### AHA!

Dyna esboniad rhannol, ond beth sy'n achosi'r gwahaniaeth hwnnw?

ch ch ch ch ch ch ch

## bioleg cwsg

Mae gwyddonwyr wedi dod i ddeall bod patrymau cwsg yn newid yn yr arddegau oherwydd bod system feunyddiol yr ymennydd (y cloc biolegol) yn newid. Mae patrwm arferol plentyndod o godi a mynd i'r gwely'n gynnar yn newid, i batrwm mynd i'r gwely'n hwyr a chodi'n hwyr. Yn anffodus, dydy rhieni ac ysgolion ddim fel arfer i'w gweld yn deall hyn!

## ymddygiad cwsg

Pan fydd pobl ifanc yn aros ar eu traed yn hwyr, maen nhw'n aml yn gwylio'r teledu neu'n chwarae gemau ar ffôn neu dabled. Mae'n bosib i'r goleuadau llachar achosi oedi pellach i ryddhau melatonin, gan wneud cysgu'n anoddach fyth.

Mae hynny'n golygu bod ymddygiad yn gallu dy atal di rhag cysgu, yn ogystal â bioleg, sy'n beth gwych, gan dy fod ti'n gallu rheoli ymddygiad.

Dangosodd astudiaeth yn y *Journal of Sleep Research* fod angen 9.5 awr o gwsg y noson ar bobl ifanc, ond mai dim ond 7.5 awr maen nhw'n ei gael ar gyfartaledd.

Mae'n bosib y byddi di'n gweld dy fod ti'n cysgu'n hirach dros y penwythnos i ddal i fyny ar yr holl gwsg rwyt ti wedi'i golli. Mae'n swnio fel syniad da mewn egwyddor, ond mae'n drysu dy batrymau cwsg yn llwyr, heb sôn am y ffaith dy fod ti'n colli hanner dy benwythnos!

## effaith cysgu'n dda

Os nad wyt ti'n cael digon o gwsg, mae'n effeithio ar gymaint o agweddau ar dy fywyd. Mae'n gallu:

- Effeithio ar dy allu i ddysgu a datrys problemau.
- Dy wneud di'n ddrwg dy hwyl ac yn ddiamynedd.
- Gwneud i ti deimlo'n sâl.
- Gwneud i ti deimlo'n isel.

Mae'n gallu difetha popeth.

Yn ôl astudiaeth bodlonrwydd bywyd diweddar, ansawdd cwsg oedd y ffactor mwyaf dylanwadol o ran mesur hwyliau dyddiol hefyd.

Cysgu'n dda yw un o'r pethau gorau rwyt ti'n gallu'i wneud er mwyn bod yn hapus, yn iach, yn glyfar ac yn gwmni da.

## sut i gael digon o gwsg

- Mae mynd i'r gwely a deffro ar yr un amser bob dydd yn dysgu patrwm da i dy gorff.
- Bydd trefn amser gwely rheolaidd, e.e. bath, llyfr, gwydraid o laeth, yn sbarduno dy ymennydd i wybod ei bod hi'n amser cysgu.
- Dylet ti osgoi technoleg am awr cyn i ti gysgu a diffodd popeth/gadael dyfeisiau mewn stafell arall fel nad yw'r goleuadau'n tarfu arnat ti ac i gadw temtasiwn draw.
- Mae angen anelu am o leiaf 60 munud o ymarfer corff bob dydd a chael digon o olau dydd.
- Paid â chael caffein ar ôl 6 y.h.
- Gwranda ar gerddoriaeth ysgafn.
- Gwranda ar fyfyrdodau, siarad â rhywun neu defnyddia dy ddyddiadur i wagio meddwl prysur cyn i ti fynd i gysgu.

## trefn amser gwely

Gwna drefn amser gwely i ti dy hun, gan gynnwys rhai o'r camau gyferbyn (gan gynnwys amser, yn bendant). Rho'r cyfan ar gerdyn a'i osod yn rhywle amlwg lle na fyddi di'n ei anghofio. Dilyna'r drefn yn gaeth am wythnos ac yna ystyria sut mae wedi gweithio i ti.

## bod yn hapus, bod yn ti dy hun ...

... drwy fod yn gyfrifol am gael digon o gwsg fel dy fod ti'n teimlo ar dy orau.

# 15 cyflawni dy nodau

> Dim ond dymuniad yw nod heb gynllun.
> **Antoine de Saint-Exupéry, awdur**

Mae'n hynod bwysig i ti fwynhau taith bywyd, ond mae cyflawni dy nodau yn gallu bod yn wych hefyd. Mae nodau yn ein helpu i roi ffocws i'n hymddygiad ac yn ein helpu i wireddu ein breuddwydion.

Bydd dy nodau mor unigol â ti. Efallai dy fod ti'n dyheu am ddringo mynydd, cael graddau da, gwneud mwy o ffrindiau, bwyta'n iachach neu gael perthynas well â dy deulu. Dydy cyflawni nodau ddim yn gymhleth, y cyfan mae angen i ti ei wneud yw:

- Diffinio dy nod.
- Bod yn ymwybodol o dy gymhelliant.
- Casglu dy adnoddau.
- Creu cynllun ac ymrwymo iddo.

Os nad yw'r pethau hyn yn eu lle, mae fel gwneud cacen heb reswm, heb gynhwysion a heb rysáit. Gallai'r canlyniad fod yn drychinebus.

## gair bach gwyddonol

Gall nodau mawr ar eu pennau eu hunain wneud i ni deimlo'n rhwystredig – mae angen llawer o fuddugoliaethau bach ar hyd y daith.

Mae gwyddonwyr wedi canfod bod lefelau dopamin yn codi yn yr ymennydd pan fyddwn ni'n teimlo'n fodlon neu'n llawn egni ar ôl i ni gael neu gyflawni rhywbeth. Caiff dopamin hefyd ei adnabod fel niwrodrawsyrrydd (negeswyr cemegol sy'n anfon negeseuon o nerfau yn dy gorff) 'teimlo'n dda' oherwydd ei fod yn gwneud i ni deimlo'n hapus. Gall pennu nodau bach a'u cyflawni roi hwb cyson i lefelau dopamin.

## ymrwymo i weithredu

Gofynnodd gwyddonwyr i bobl a oedd eisiau cyrraedd lefel benodol o ffitrwydd i gwblhau'r frawddeg hon: 'Wythnos nesaf, bydda i'n ymarfer [DYDD] am [YR AMSER] yn [LLE].' A gwneud nodyn o hynny.

Roedd y rhai a gwblhaodd y frawddeg dair gwaith yn fwy tebygol o wneud ymarfer corff go iawn o'i gymharu â grŵp rheoli oedd heb wneud cynlluniau.

Mae ymrwymo i weithredu yn hynod fuddiol.

## nodau effeithiol

Mae nodau effeithiol yn cyd-fynd â'r acronym CAMPUS:

**C**yraeddadwy, **A**mserol, **M**esuradwy, **P**enodol, **U**chelgeisiol a **S**ynhwyrol.

Dyma enghraifft:

*Rwy'n bwriadu codi £500 at elusen mewn chwe mis drwy arwerthiannau cist car*

NEU ...

*Gan ddefnyddio YouTube, dwi'n mynd i ddysgu chwarae alaw ar y piano â'r ddwy law mewn tri mis.*

Tria feddwl am dy nod mewn perthynas â'r acronym CAMPUS.

## un cam yn ôl – ymarfer gosod nodau

Mae'n rhaid i ti weld canol y nod cyn i ti wybod ble i anelu saeth ato. Yn yr un modd, mae angen i ti ddiffinio dy nod cyn gallu gwneud cynlluniau i'w gyflawni.

Byddwn i'n dymuno pob lwc i ti gyda chyflawni dy nod, ond does dim angen lwc arnat ti oherwydd mae gyda ti gynllun (ac mae hynny'n fwy defnyddiol o lawer).

Tynna lun o dy nod, gwna gofnod ohono, neu beth am greu bwrdd hwyliau ar ei gyfer? Rho lawer o fanylion iddo a meddylia sut byddi di'n teimlo ar ôl ei gyflawni. Delwedda'r cyfan yn llawn nes y bydd yn teimlo'n fyw i ti.

Nawr, cymera un cam yn ôl – pa gam bydd angen i ti ei gymryd yn union cyn i ti gyrraedd dy nod terfynol? Gwna nodyn o hynny, yna meddylia beth fyddai'r cam cyn hynny. Noda hynny hefyd. Dalia ati i gamu'n ôl hyd nes y byddi di'n cyrraedd lle rwyt ti ar hyn o bryd.

Bellach, mae gyda ti gyfres o gamau bach a fydd yn dy arwain at dy nod mawr. Rwyt ti'n gwybod yn union beth mae'n rhaid i ti ei wneud.

## bod yn hapus, bod yn ti dy hun ...

... drwy gymryd camau bach tuag at dy nod mawr a mwynhau pob cam o'r daith.

# 16 grym symud

Ymarfer corff = endorffinau.
Mae endorffinau yn dy wneud din hapus.
**Dienw**

Rydyn ni i gyd yn gwybod bod ymarfer corff yn dda i'n cyrff, ond mae'n cael effaith eithaf dwys ar y meddwl hefyd. Seithfed nef rhedwr, gwrid ioga, balchder pêl-droediwr – mae ymarfer corff yn llawn dop o deimladau.

Hanfod ysgogi teimladau cadarnhaol yw dod o hyd i'r ymarfer cywir i ti. Paid ag ofni rhoi cynnig ar bethau gwahanol nes y byddi di wedi dod o hyd i gyfuniad sy'n gweddu i ti, a phaid â diystyru chwaraeon yn llwyr ar sail un athro neu brofiad gwael.

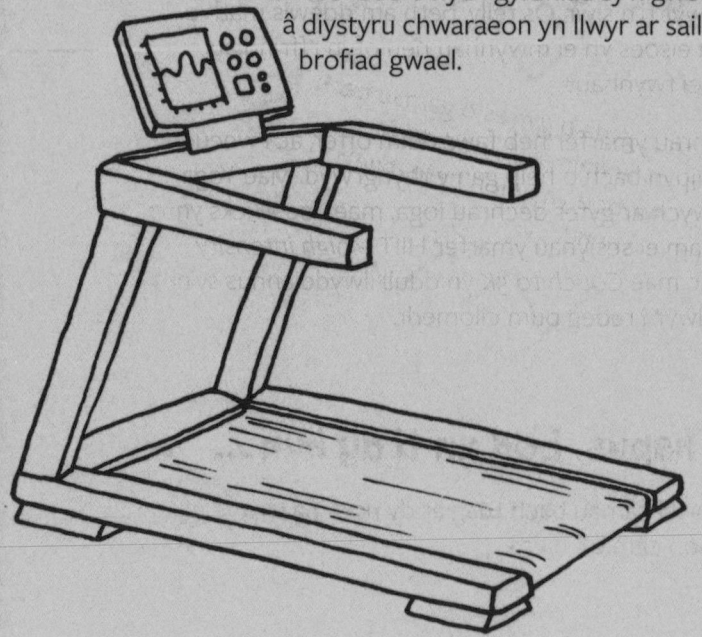

## gair bach gwyddonol

Dylai pobl ifanc wneud o leiaf 60 munud o weithgaredd bob dydd er mwyn aros yn feddyliol ac yn gorfforol iach. Dim ond 14 y cant o fechgyn ac 8 y cant o ferched rhwng 13 a 15 oed sy'n bodloni'r canllawiau hyn. Y peth cyntaf i'w ystyried yw sut i hwyluso meddwl am wneud mwy o ymarfer corff.

Yn ôl ymchwilwyr ym Mhrifysgol Arizona, pan ddaw hi'n fater o helpu i ddileu gorbryder ac iselder, mae'n debyg bod ymarfer corff yn gweithio'n well nag ymlacio, myfyrio, addysg straen a therapi cerdd. Ond mae'n anodd ysgogi dy hun os nad wyt ti'n teimlo'n wych neu os wyt ti'n brysur, felly dyma ambell awgrym gwych i dy helpu i greu trefn.

## goresgyn rhwystrau i ymarfer corff

Yn gyntaf, dewisa pa weithgaredd rwyt ti am ei wneud. Efallai dy fod ti eisoes yn gwneud rhyw fath o chwaraeon neu'i gilydd, efallai nad wyt ti'n siŵr. Os felly, beth am ddewis math o chwaraeon rwyt ti eisoes yn ei mwynhau neu ofyn i ffrindiau beth maen nhw'n ei fwynhau?

Mae'n hawdd dechrau ymarfer heb fawr ddim offer, ac i wneud hynny gartref, â thipyn bach o help gan y rhyngrwyd. Mae *Yoga With Adriene* yn wych ar gyfer dechrau ioga, mae Joe Wicks yn adnabyddus iawn am ei sesiynau ymarfer HIIT – *high intensity interval training*, ac mae *Couch to 5K* yn ddull llwyddiannus sy'n cael dechreuwyr llwyr i redeg pum cilomedr.

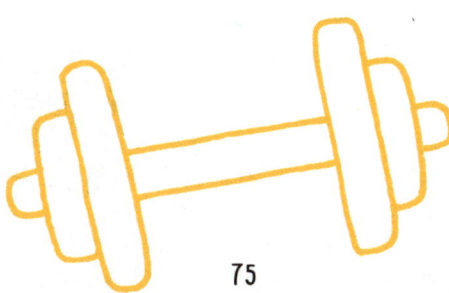

## trefna dy gymhelliant

Mae ymarfer corff yn bwysig, ond mae'n hawdd rhoi blaenoriaeth i dasgau a gofynion eraill ar dy amser – fel gwaith cartref. Mae'n hawdd gohirio ymarfer corff, gan sôn am fynd i redeg yfory, mynd i nofio dros y penwythnos neu roi cynnig ar y dosbarth ioga YouTube yn y bore. Ond dydy hynny byth yn digwydd!

Y nod yw ymarfer rheoli amser, gan rannu tasgau yn faterion brys neu'n faterion pwysig. Yn aml, mae tasgau brys yn cael blaenoriaeth dros dasgau pwysig.

- Mae gweithgareddau pwysig yn ein harwain at gyflawni ein nodau.

- Rydyn ni'n aml yn canolbwyntio ar weithgareddau brys oherwydd bod canlyniadau peidio â delio â nhw i'w gweld ar unwaith. Weithiau, maen nhw'n seiliedig ar nodau pobl eraill yn hytrach na'n nodau ni.

Gydag ymarfer corff, y peth pwysicaf yw trefnu ei wneud, yn hytrach na gwastraffu egni yn poeni pryd y byddi di'n ei wneud.

Noda dasgau ymarfer corff mewn dyddiadur, ar galendr, amserlen wythnosol neu gosoda larymau digidol i dy atgoffa di.

Llunia dudalen yn dy ddyddiadur lle rwyt ti'n lliwio medal, sgwâr neu ofod bob tro rwyt ti'n ymarfer corff.

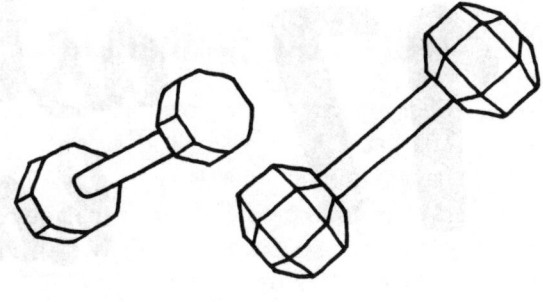

## defodau i sbarduno trefn

Mae methu paratoi yn gyfystyr â pharatoi i fethu.

Rho dy ddillad ymarfer corff yn barod, tecstia'r ddolen i'r fideo ymarfer corff atat ti dy hun, arllwysa wydraid o ddŵr a phenderfyna ar dy lwybr. Gwna bopeth posib i'w gwneud hi'n hawdd bwrw'r cwch i'r dŵr.

## arwydd grym

Dewisa wneud rhywbeth bach i ddechrau dy drefn ymarfer corff. Mynd i nôl gwydraid o ddŵr efallai, agor mat ymarfer corff, clymu dy esgidiau ymarfer yn araf. Dwed wrthot ti dy hun mai dim ond gwneud tasg wyt ti, yn hytrach na gwneud yr holl ymarfer corff. Yn y pen draw, bydd hyn yn grymuso'r ymennydd, ac o wneud hyn, bydd y gweddill yn dilyn.

## bod yn hapus, bod yn ti dy hun ...

... drwy drefnu tasgau pwysig, yn hytrach na thasgau brys, a defnyddio defodau i sbarduno dy hun.

# 17 astudio hapus

*Yr unig fan lle mae cyflawnin dod o flaen gwaith yw mewn geiriadur.*
**Vidal Sassoon, triniwr gwalltiau enwog**

Iawn, paid â meddwl ein bod ni'n mynd dros ben llestri wrth ddweud y gallwn ni dy helpu i deimlo'n hapus am dy waith cartref ac arholiadau. Dydyn rheiny ddim yn debygol o godi awydd ar unrhyw un i ddawnsio yn y stryd na bloeddio canu. Ond gad i ni fod yn bositif! Mae llawer o bethau y galli di eu gwneud i droi gwaith cartref ac adolygu'n brofiadau hapusach.

### gair bach gwyddonol

Dyna ymarfer corff yn gyntaf. Yn ôl Dr Douglas B. McKeag, mae ymarfer corff cyn astudio yn rhoi hwb i'n gallu i feddwl. Mae ond ychydig o ymarfer corff yn ddigon i bwmpio ocsigen a maetholion i'n hymennydd. Mae hyn yn ein gwneud ni'n fwy effro ac yn ein helpu i allu derbyn gwybodaeth newydd yn ystod sesiynau astudio ar ôl ymarfer.

## rheoli amser

Amser yw un o'r ffactorau allweddol sy'n gallu gwneud y gwahaniaeth rhwng cynllun astudio'n llwyddo a methu. Rho gynnig ar drefnu cyfnodau astudio ar amserlen weladwy, yn union fel y byddet ti'n trefnu parti neu ymarfer pêl-droed. Fel arall, byddi di'n gwthio astudio i dy amser sbâr, heb yr egni a'r ffocws angenrheidiol.

## cynllunio da

Y gyfrinach yw gwybod yn union beth yw'r disgwyliadau o ran dy arholiadau neu aseiniadau. Os wyt ti'n ansicr o gwbl, hola dy athro eto. Defnyddia hen bapurau arholiad neu ddeunyddiau adolygu sydd wedi cael eu hysgrifennu'n benodol ar gyfer dy fwrdd arholi – mae angen i ti fod yn astudio'r wybodaeth gywir.

Os oes nod pendant a phenodol i bob sesiwn astudio, bydd mwy o ddiben iddyn nhw a byddan nhw'n llawer mwy effeithiol (fel y bydd yr ymdeimlad o gyflawniad/ hapusrwydd). Rho gynnig ar restru pob pwnc a thema sydd i'w hadolygu er mwyn gweld bod dy amserlen yn cynnwys y cyfan.

## cael gweithle cynhyrchiol

Dydy gweithio ar gornel bwrdd cegin blêr bum munud cyn swper ddim yn ddelfrydol. Mae angen dy le dy hunan arnat ti gyda beiros, papur a llyfrau astudio wrth dy ymyl, ac unrhyw offer arall angenrheidiol o fewn cyrraedd. Mae gwydraid o ddŵr, golau da a chadair gyfforddus i gyd yn help hefyd.

Mae rhai'n gweithio'n dda gyda cherddoriaeth gefndir, rhai'n hoffi ffenest ar agor, ac eraill yn hoffi gweithio am gyfnod penodol o amser. Dylet ti addasu dy amgylchedd gwaith fel ei fod yn gweithio orau i ti.

## nodiadau taclus

Mae nodiadau taclus a darllenadwy sy'n crynhoi'r hyn rwyt ti wedi'i ddysgu mewn pwyntiau clir a syml yn hynod werthfawr, a gall mapio meddwl fod o gymorth mawr hefyd. Mae angen cadw nodiadau'n drefnus mewn lle penodol.

## canolbwyntio

Gwna dy orau i gael gwared ar bethau sy'n tynnu dy sylw – gall cerddoriaeth â geiriau, ffôn symudol, stumog lwglyd a phen yn llawn pryderon i gyd ymyrryd â dy waith astudio. Bydd blocio'r cyfryngau cymdeithasol yn ystod cyfnodau astudio yn help mawr. Mae apiau ar gael i'w lawrlwytho sy'n blocio unrhyw wefan rwyt ti'n ei dymuno dros dro.

## partner astudio

Mae'r rhan fwyaf o bobl yn gweithio orau ar eu pennau eu hunain, ond bydd cael ambell ffrind wrth law i esbonio nodiadau astrus neu i dy atgoffa sut i ddatrys ffracsiynau cyfansawdd yn ddefnyddiol iawn. Efallai fod gan aelod o'r teulu brofiad o sefyll arholiadau – gallai trafod beth wnaeth eu helpu nhw fod o fudd i ti hefyd.

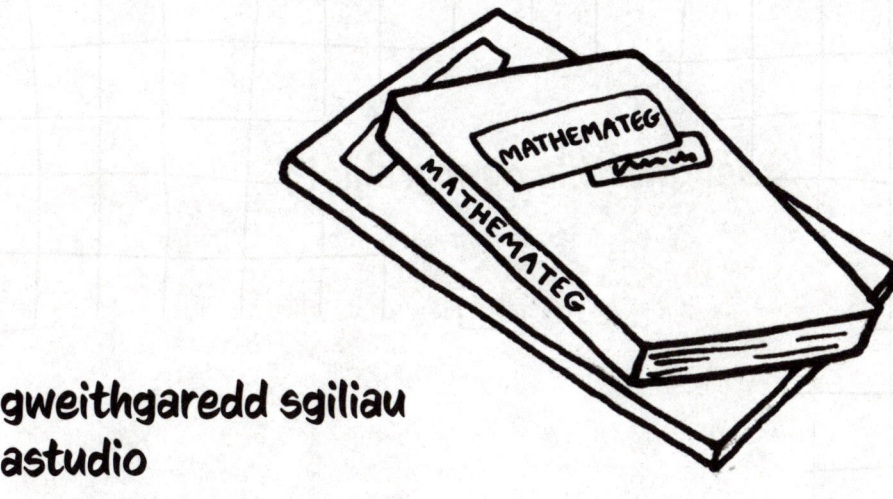

## gweithgaredd sgiliau astudio

Dyma dri pheth i ti eu gwneud ar unwaith:

1. Trefna dy amserlen (un ar bapur sy'n gweithio orau) a marcia adegau ar gyfer dy waith cartref/adolygu.

2. Trefna le i weithio gyda phopeth mae ei angen arnat ti wrth law.

3. Gwna'n siŵr bod rhifau ffôn partneriaid astudio posib gyda ti.

Gall cychwyn arni fod yn ddigon i wneud i ti deimlo dan fwy o reolaeth, ac yn hapusach.

## bod yn hapus, bod yn ti dy hun ...

... drwy roi'r sgiliau astudio hyn ar waith. Maen nhw'n syml, yn ymarferol ac yn mynd i wneud dy waith astudio'n fwy effeithlon a byddan nhw'n gwneud y gorau o'r amser sydd gyda ti. Cadwa dy lygad ar y wobr a chofia wneud ymarfer corff!

perthnasoedd hapus :)

## mae dolen gyswllt rhwng dy hapusrwydd di a hapusrwydd eraill

Na, nid siarad drwy het yw hyn. Anodd credu, efallai. Mae brodyr a chwiorydd yn torri dy bethau di, mae dy rieni di'n dweud y drefn byth a hefyd, dydy dy ffrindiau di ddim yn dy gynnwys di, mae stafelloedd dosbarth a choridorau sy'n llawn pobl ifanc yn gwneud i ti deimlo'n orbryderus, a dydy athrawon yn gwneud dim byd ond achosi straen. Wrth gwrs, mae pobl eraill yn gallu bod yn boen.

Mae'r arddegau'n gyfnod o newid enfawr mewn perthnasoedd. Rwyt ti'n dod yn fwy annibynnol ar rieni neu ofalwyr. Gall hynny fod yn brofiad emosiynol i'r ddwy ochr – er eu bod nhw gwybod yn iawn y byddet ti'n tyfu i fyny, maen nhw'n honni'n sydyn iawn *dy fod ti wedi troi'n berson ifanc yn ei arddegau dros nos*. Efallai dy fod ti'n cytuno, neu'n teimlo fel plentyn wedi'i ddal yng nghorff rhywun yn ei arddegau neu rywun yn ei arddegau sy'n gaeth yng nghorff plentyn. Gall gwrthdaro ddigwydd wrth i ti a dy rieni geisio gwneud synnwyr o'r cyfan.

I lawer o bobl ifanc yn eu harddegau, mae perthynas ramantus, neu ddiffyg perthynas ramantus, yn dod yn beth mawr, ynghyd â hormonau dryslyd ac emosiynau cymhleth. Mae'n bosib bod dy emosiynau di i gyd yn dod i'r golwg ar yr un pryd, ac rwyt ti'n iawn – mae ymchwil wedi profi bod emosiynau pobl ifanc yn eu harddegau'n fwy cymhleth.

## mae cyfeillgarwch yn newid llawer iawn hefyd

Mae datblygu cyfeillgarwch yn rhan o dy ymdrech i ddeall dy hunaniaeth. Efallai y byddi di'n uniaethu'n fwy neu lai gydag ambell un, a bod cyfeillgarwch yn newid yn gyflymach. Mae pwysau gan gyfoedion yn codi, naill ai mewm modd cadarnhaol neu negyddol. Gall delio â grwpiau gwahanol o ffrindiau a chael grŵp llawer mwy o gyfoedion yn yr ysgol uwchradd deimlo'n llethol ar adegau.

## wyt ti erioed wedi teimlo'n unig?

Mae'n demtasiwn cilio i dy lofft, cuddio o dan y dillad gwely a chwarae cerddoriaeth yn uchel iawn nes bod pawb yn mynd i ffwrdd.

Ac mae hynny'n ateb gwych weithiau.

Ond gall chwilio am hapusrwydd ar dy ben dy hun fod yn unig iawn, a gall deimlo fel baich a chyfrifoldeb enfawr. Yn ôl astudiaeth ddiweddar:

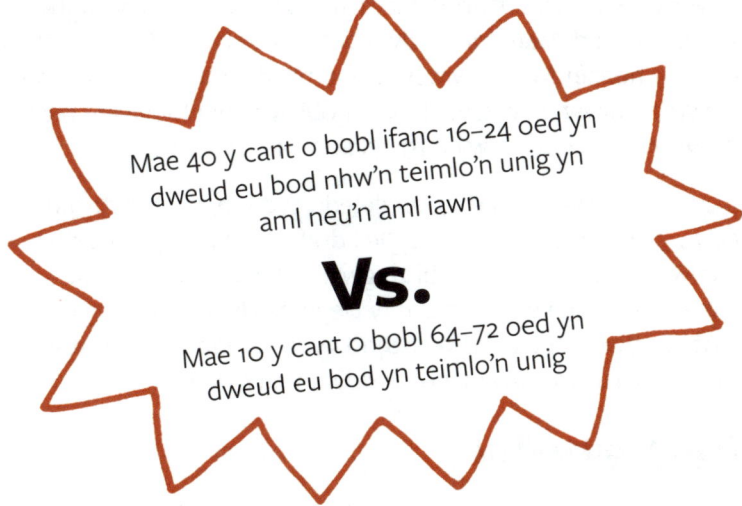

Mae 40 y cant o bobl ifanc 16–24 oed yn dweud eu bod nhw'n teimlo'n unig yn aml neu'n aml iawn

**Vs.**

Mae 10 y cant o bobl 64–72 oed yn dweud eu bod yn teimlo'n unig

Un peth yw mwynhau dy gwmni dy hun; mae hynny'n wych, mae'n sgìl pwysig iawn. Ond unigrwydd yw teimlo fel petaet ti wedi dy ddatgysylltu o'r byd heb neb i siarad â nhw, neu neb yn dy ddeall di.

## wyt ti'n fewnblyg neu'n allblyg?

Caiff person mewnblyg fwy o egni o weithgareddau unigol, ond caiff person allblyg fwy o egni o fod o gwmpas pobl eraill. Does dim ots pa fath o berson wyt ti. Mae ymchwil wedi dangos bod person, mewnblyg ac allblyg yn hapusach o dreulio peth amser gyda phobl eraill.

Y gwir yw bod angen cydbwysedd ar bawb i fod yn hapus. Mae angen i ni gael amser ar ein pennau'n hunain i fyfyrio, i edrych y tu mewn i'n pennau, mwynhau ychydig o lonyddwch a chael cyfle i gael ein gwynt. Rhaid i ni gael cydbwysedd rhwng y pethau hyn a'r angen am gariad, cefnogaeth, anogaeth, ysbrydoliaeth ac adloniant sy'n cael eu darparu gan bobl eraill.

Er hynny, mewn sawl ffordd, mae'r byd yn ein gwthio ni fwyfwy tuag at unigedd. Mae ffonau clyfar yn gadael i ni ddiflannu i'n byd bach ni'n hunain. Wrth gwrs bod yna ffrindiau yn ein ffonau, ond mae ymchwilwyr wedi gweld mai'r bobl sy'n teimlo fwyaf unig fel arferyw'r rhai sydd â mwy o ffrindiau 'ar-lein yn unig'.

Ar un adeg, gwylio'r un rhaglen deledu gyda theulu neu ffrindiau oedd y drefn arferol, a chael cyfle i drafod ar yr un pryd. Erbyn heddiw, mae 45 y cant o bobl yn gwylio rhaglen neu ffilm ar eu pennau eu hunain bob dydd. Yn y Deyrnas Unedig, mae 33 y cant o bobl yn dweud eu bod yn eistedd gyda'i gilydd yn yr un stafell yn gwylio rhaglenni gwahanol ar ddyfeisiau gwahanol.

## rhyng-gysylltu

Mae pobl yn gwrando ar apiau meddylgarwch, yn gwneud ioga, yn darllen llyfrau hunangymorth ac yn ymarfer hunanofal. Mae'r rhain i gyd yn adnoddau pwysig a phwerus iawn sy'n gallu cyfrannu at hapusrwydd. Ond mae gwir angen i ni fel pobl fod yn gymdeithasol hefyd!

Mae potensial enfawr i ni ledaenu ychydig bach o hapusrwydd bob dydd drwy ryngweithio ar y lefel symlaf un â'r bobl rydyn ni'n eu cyfarfod. Gall rhannu gwên â siopwr, canmol ffrind neu ddiolch i yrrwr bws ymddangos yn bethau bach ar y pryd, ond rydyn ni i gyd yn gysylltiedig â'n gilydd.

Mynna ymchwil diweddar fod potensial ENFAWR i'n rhyngweithio cymdeithasol gydol ein hoes. Ar gyfartaledd, rydyn ni'n byw am 78.3 o flynyddoedd. Mae'r rhan fwyaf ohonon ni'n cofio pobl rydyn ni wedi cyfarfod â nhw ar ôl i ni fod yn 5 oed.

Gan dybio ein bod ni'n rhyngweithio â thri person newydd bob dydd mewn dinasoedd, cyfartaledd y dyddiau mewn blwyddyn, ynghyd â blynyddoedd naid, yw 365.24. Cyfanswm hynny yw (78.3 − 5) x 3 x 365.24 = 80,000 o bobl.

Yn ystod dy oes, mae'r grym gyda ti i rannu tipyn o hapusrwydd ychwanegol â 80,000 o bobl.

Mae'r adran hon yn llawn dop o driciau, haciau, awgrymiadau a strategaethau sy'n gallu dy helpu i wella dy berthynas â phobl eraill. Mae hefyd yn edrych ar sut y gall helpu pobl eraill, bod yn ddiolchgar am berthnasoedd a'u meithrin, ein gwneud ni i gyd yn hapusach.

# 18 cyfeillgarwch gwych

> Does dim byd gwell na ffrind, heblaw ffrind â siocled.
> Linda Grayson, awdur

Wrth i ti fynd drwy dy arddegau, daw grwpiau cymdeithasol i fod yr un mor bwysig (os nad yn bwysicach) na dy deulu. Rwyt ti'n reddfol yn troi at dy gyfoedion i ddod o hyd i le i berthyn ac i ystyried pwy wyt ti.

Llwyth yw grŵp o ffrindiau sy'n rhannu'r un diddordebau a gwerthoedd ac sy'n annog a gofalu am ei gilydd. Gall teimlo'n rhan o grŵp o ffrindiau gynnig llawer iawn o hapusrwydd a sicrwydd i ti ar adeg sy'n aml yn ddryslyd.

# gair bach gwyddonol

Nododd y seicolegydd Abraham Maslow fod yr angen i berthyn yn un o'r pum angen dynol sylfaenol, fel y noda yn ei ddamcaniaeth Hierarchaeth Anghenion isod. Mae eisiau bod yn rhan o grŵp yn naturiol, ac i deimlo bod eraill yn poeni amdanat ac yn dy dderbyn di.

Mae'r angen i fod yn rhan o grŵp cyfoedion yn arbennig o gryf yn ystod yr arddegau. Er dy fod ti eisiau mwy o annibyniaeth oddi wrth dy rieni, rwyt ti'n dal eisiau bod yn rhan o uned sy'n cynnig cefnogaeth – ond un sydd wedi'i seilio ar berthynas gyfartal. Mae'n gyfle i ymarfer ar gyfer bywyd fel oedolyn.

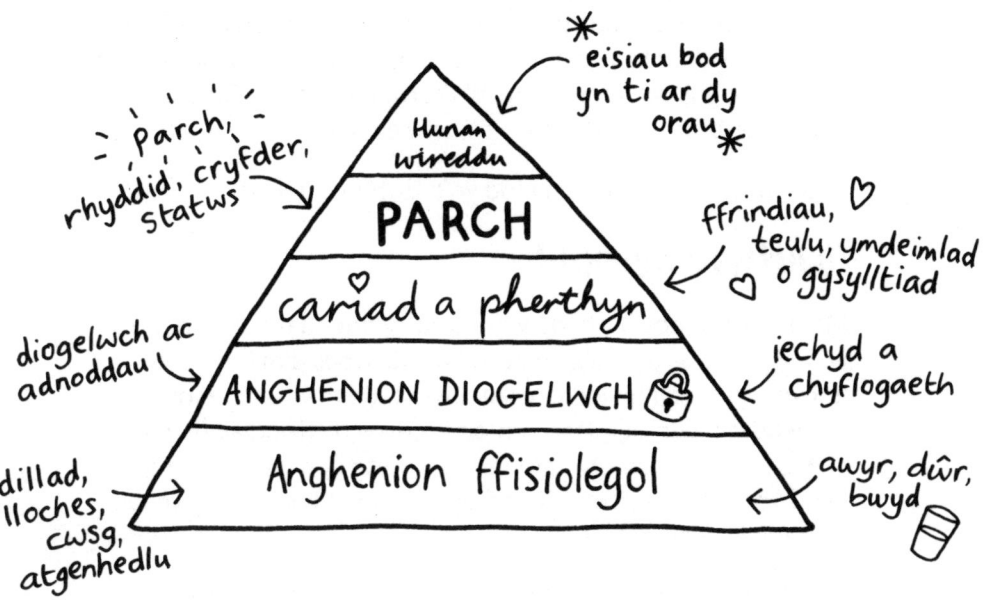

## clicio neu gliciau?

Os wyt ti'n clicio gyda dy lwyth, byddi di'n teimlo'n rhan o'r criw – mae mor syml â hynny. Byddi di'n gallu bod yn ti dy hun.

Ond cliciau, beth amdanyn nhw? (Grwpiau bach clos o bobl sy'n amharod iawn i dderbyn rhywun arall.)

Mae pawb yn gwybod pwy yw'r llwyth poblogaidd yn dy ysgol di, ond dydy'r ffaith eu bod nhw'n boblogaidd ddim yn golygu mai nhw yw'r llwyth iawn i ti fod yn rhan ohono. Dydy cliciau ddim o reidrwydd yn cynnwys pobl sy'n rhannu gwerthoedd a diddordebau ac sy'n 'deall' ei gilydd. Yn aml, maen nhw'n griw o bobl sydd wedi'u tynnu at ei gilydd oherwydd y pŵer a'r poblogrwydd tybiedig sy'n gysylltiedig â pherthyn i'r clic.

Ond gall bod yn rhan o'r 'criw poblogaidd' fod yn waith caled.

Dydy llawer o aelodau'r grwpiau hyn ddim yn meddu ar yr hunan-werth a'r hyder i fod yn nhw eu hunain, ac mae eu hunaniaeth yn dibynnu ar y grŵp. Os nad wyt ti'n cadw i fyny ac yn ffitio i mewn, mae'n bosib na fyddi di'n rhan o'r criw am hir.

Dydy hwn ddim yn lle iach i fod yn ti dy hun o gwbl!

## llwythau newydd

Mae'n ddigon posib y bydd y grwpiau cymdeithasol roeddet ti'n eu mwynhau ar un adeg yn newid hefyd. Does dim byd o'i le ar hynny – mae'n hollol naturiol. Dwyt ti ddim yr un person â'r un oeddet ti pan oeddet ti'n 11 oed, a dydy dy ffrindiau di ddim chwaith. Paid â bod ofn camu allan o lwyth sy'n ymddwyn mewn ffordd sydd ddim yn cyd-fynd â dy werthoedd neu sy'n gwneud i ti deimlo'n anghyfforddus.

Meddylia am yr holl lefydd y mae modd i ti gyfarfod â grŵp o bobl debyg i ti, pobl rwyt ti'n teimlo'n gyfforddus yn eu cwmni nhw. Does dim angen i hyn fod yn yr ysgol – gallai fod yn gefndryd, cymuned grefyddol, grŵp LHDTC, grŵp chwaraeon, beth bynnag sy'n gweithio i ti ac yn dy wneud di'n hapus.

Bydd rhai grwpiau rwyt ti'n perthyn iddyn nhw'n golygu llawer i ti, eraill yn fwy seiliedig ar ddifyrrwch neu ddiddordeb cyffredin.

Bydda'n ddewr a chymer y cam cyntaf. Os nad oes gyda ti awydd gwneud, does dim angen i ti fynd eto.

## gwerthfawrogi dy ffrindiau

Peth hawdd iawn yw cymryd pobl sy'n meddwl y byd ohonot ti'n ganiataol. Ond mae angen meithrin cyfeillgarwch a'i werthfawrogi mewn ffordd ymarferol, nid dim ond mewn ffordd emosiynol.

Os wyt ti'n meddwl am gyfeillgarwch fel berfenw, mae hynny'n dy helpu i weld bod angen i ti weithredu er mwyn gwerthfawrogi dy ffrindiau:

- Dywed diolch pan fydd ffrind yn cadw dy ran di.
- Gwna ffŷs o'u pen-blwydd.
- Cadwa mewn cysylltiad a gofynna sut maen nhw.
- Treulia amser yn gwneud pethau hwyliog gyda dy ffrindiau (yn hytrach na'u defnyddio nhw i rannu dy broblemau'n unig).

Yn y bôn, mae angen i ti eu trin nhw'n union fel y byddet ti am iddyn nhw dy drin di.

## canmol

Mae canmol o waelod calon yn mynd i wneud i dy ffrindiau deimlo mor dda amdanyn nhw'u hunain, ac yn dy wneud di'n berson hyfryd i fod yn ei gwmni. I'r ymennydd, mae derbyn canmoliaeth yr un mor werthfawr yn gymdeithasol â chael arian.

(Mae wedi cael ei brofi hefyd fod pobl yn perfformio'n well pan fyddan nhw'n cael eu canmol, felly os oes angen help rhywun arnat ti, mae angen i ti ddweud gwaith mor dda mae'n ei wneud!)

## pom poms a siocled poeth

Dydy meddwl 'Hwrê! Da iawn ti,' ddim yn ddigon. Weithiau, pan fydd pethau'n mynd yn dda, bydd angen i ti fod yn gefn i dy ffrind, rhoi dy egni a dy anogaeth iddo, a bloeddio dy gefnogaeth.

Dydy meddwl 'O na, druan â ti,' ddim yn ddigon chwaith. Pan fydd bywyd yn anodd, bydd angen i dy ffrindiau fod yno i ddangos cefnogaeth, cynnig blanced, siocled poeth a chwtsh.

Yn y bôn, mae angen i ti fod yno i gynnal dy ffrindiau ar yr adegau da a'r adegau gwael.

## rydyn ni i gyd yn amherffaith

Ond er bod angen i gyfeillgarwch da fod yn iach, yn barchus ac yn gweithio'r ddwy ffordd, mae'n anodd iddo fod yn berffaith. Byddwch chi'n ffraeo, yn dân ar groen eich gilydd weithiau ac yn siomi eich gilydd o dro i dro, oherwydd perthynas yw cyfeillgarwch, a dyna sy'n digwydd ym mhob perthynas. Weithiau, bydd dy ffrind (yn union fel ti) yn cael ambell ddiwrnod ddim cystal.

Mae maddeuant, trugaredd a derbyniad yn bwysig mewn cyfeillgarwch. Ac ar ddyddiau gwael, efallai bod angen i ti fod yn ffrind gwell fyth? Mae dweud 'Hei, rwyt ti'n edrych yn drist, wyt ti eisiau siarad?' yn gymaint mwy o help na chwyno am hwyliau dy ffrind y tu ôl i'w gefn.

## sut olwg sydd ar ffrind da?

*1* Meddylia am yr holl nodweddion y byddet ti'n eu hoffi mewn ffrind da. Mae croeso i ti fynd dros ben llestri â dy restr, ac ychwanegu ati unrhyw bryd. Felly, beth sy'n bwysig i ti? Ffyddlondeb, hwyl, help gyda dy waith cartref, rhannu rhestrau cerddoriaeth, rhywun fyddai byth yn dwyn dy gariad di, rhywun fyddai'n benthyg ei feic i ti?

Ar ôl i ti lunio dy restr ... darllena hi eto. Wyt ti'n gallu bodloni'r rhinweddau rwyt ti wedi'u disgrifio a bod y math o ffrind fyddet ti'n hoffi ei gael?

## bod yn hapus, bod yn ti dy hun ...

... drwy fod yn aelod cadarnhaol a rhagweithiol o bob llwyth rwyt ti'n rhan ohono, a thrwy wneud yn siŵr dy fod ti'n cynnwys pawb. Trefna ddigwyddiadau cymdeithasol, anoga eraill a gwna dy ran i wneud y grŵp yn lle cadarnhaol. Mae dy agwedd di'n denu dy lwyth, felly mae angen i ti ddangos dy fod ti'n berson cadarnhaol!

# 19 datrys dadleuon

**Dydy siarad yn uwch ddim yn gwneud dy ddadl yn fwy dilys.**
Steve Maraboli, awdur a siaradwr

Wyt ti erioed wedi teimlo nad oes gyda ti unrhyw hunanreolaeth o gwbl, a phan wyt ti'n ddig, fod y cyfan yn arllwys allan a thithau'n dweud pethau nad wyt ti wir yn eu meddwl a bod popeth yn mynd yn draed moch? Mae llawer o bobl ifanc yn eu harddegau'n teimlo fel hyn, ac nid ar yr hormonau mae'r bai i gyd (na rhieni/brodyr a chwiorydd/athrawon/ffrindiau sy'n dy wylltio). Mae dadleuon (yn enwedig â rhieni) yn hollol normal yn ystod yr arddegau.

Mae hynny'n rhannol oherwydd natur ymennydd person ifanc yn ei arddegau.

## gair bach gwyddonol

Mewn prawf, dangoswyd llun o wyneb person i oedolion a phobl ifanc yn eu harddegau. Roedd yn rhaid iddyn nhw ddewis pa emosiwn oedd yn cael ei fynegi – ofn, sioc neu ddicter. Llwyddodd pob un o'r oedolion i nodi'n gywir mai ofn oedd yn cael ei fynegi, ond dim ond tua hanner y bobl ifanc gafodd yr ateb cywir.

*Diddorol* ...

Mae ymchwilwyr wedi darganfod bod y cortecs cyndalcennol (rhan o'r ymennydd sy'n union y tu ôl i'r llygaid a'r talcen) yn dal i ddatblygu yn ystod yr arddegau, felly mae pobl ifanc yn dibynnu mwy ar eu system limbig. Mae'r system limbig, sydd ar ben coesyn yr ymennydd ac yn ddyfnach ynddo, yn llai cywir wrth adnabod emosiynau pobl eraill na chortecs cyndalcennol oedolyn, ac mae hefyd yn fwy emosiynol. Felly mae pobl ifanc yn fwy tebygol o gamddarllen emosiwn a gorymateb wrth wneud hynny.

Adeg dadl, dydy hynny ddim yn argoeli'n dda i rywun yn ei arddegau ...

## felly beth galli di ei wneud?

Sylweddolodd y seicolegydd Marshall Rosenberg – a ddatblygodd y dull cyfathrebu di-drais – fod datrys gwrthdaro'n digwydd 50 y cant yn gyflymach os yw'r ddwy ochr yn cytuno i ailadrodd yr hyn mae'r ochr arall newydd ei ddweud cyn iddyn nhw ddechrau siarad eu hunain. Mae adlewyrchu safbwynt y person arall yn helpu i wneud i'r person arall deimlo'i fod yn cael ei ddeall, ac mae hynny yn ei dro'n golygu ei bod hi'n fwy tebygol y gall unrhyw anghydfod gael ei ddatrys.

Os yw pethau'n poethi a sefyllfa'n troi'n oremosiynol, gall cydnabod teimladau'r person arall a dangos empathi fod yn fuddiol iawn. Drwy wneud hyn, mae'r 'gorlif emosiynol' yn lleddfu a gall y person arall feddwl yn fwy tawel a chlir.

Os wyt ti'n dangos i rywun dy fod ti wedi clywed sut mae'n teimlo a beth mae wedi'i ddweud, gall ymlacio heb ddal ati i bwysleisio'i bwynt. Dydy hyn ddim yr un peth â chytuno â'r person dan sylw. Er enghraifft:

'Rwyt ti'n swnio'n ddig iawn a dwi'n deall bod hynny oherwydd dy fod ti'n teimlo nad oedd Rhodri'n gwrando.'

'Dwi'n gallu clywed pa mor rhwystredig wyt ti oherwydd bod Arwen yn hwyr yn aml.'

 Defnyddio datganiadau 'Dwi'

Er bod hi'n bwysig dweud sut rwyt ti'n teimlo mewn dadl, mae'n bwysig peidio ag ymosod ar y person arall. Dim ond ei wneud yn fwy amddiffynnol fydd hynny. Tria ddefnyddio datganiadau 'Dwi':

Mae 'Dwi'n cynhyrfu pan wyt ti'n gweiddi' yn llai cyhuddgar o lawer na 'Fe wnest ti fy ypsetio i'n ofnadwy pan wnest ti weiddi arna i', ond rwyt ti'n dal i allu gwneud dy bwynt.

 Cerdded i ffwrdd

Os nad yw pethau'n tawelu a'r ddadl yn glwm (neu'n gwaethygu), cerdda i ffwrdd cyn i bethau fynd dros ben llestri. Dydy hyn ddim yn dangos gwendid. Mae'n gam call iawn, ac mae'n rhoi cyfle i'r ddau ohonoch chi dawelu a dod o hyd i ateb heddychlon yn y pen draw.

Yn ôl ymchwil, mae newidiadau corfforol sy'n cael eu hysgogi gan straen yn ei gwneud hi'n anoddach i rywun feddwl yn rhesymegol, ac yn cynyddu ymddygiad ymosodol. Mae cymryd camau i ymdawelu'n caniatáu meddwl clir a gwrando gofalus y mae'n rhaid eu cael i ddatrys dadleuon yn heddychlon.

## datrys problemau

Wedi i'r ddau ohonoch chi dawelu ychydig, tria ofyn y cwestiwn hwn:

Sut rydyn ni'n mynd i ddatrys hyn gyda'n gilydd?

(Mae'n dangos dy fod ti eisiau i'r ddadl ddod i ben, dy fod ti'n barod i symud ymlaen i ddatrys problemau ac eisiau gwneud hynny ar y cyd.)

## dysgu o brofiad

Y tro nesaf y byddi di yng nghanol dadl, rho'r uchod ar waith – neu o leiaf rho gynnig ar ofyn y cwestiwn olaf. Gwna nodyn o sut hwyl gest ti arni, beth gallet ti fod wedi'i wneud yn wahanol a dal ati i ymarfer. Byddi di'n gweithio i'r gwasanaeth diplomyddol mewn dim o dro!

## bod yn hapus, bod yn ti dy hun ...

... drwy wrando ar farn pobl eraill, nodi'r hyn rwyt ti ei eisiau yn dawel ond yn glir, a chydweithio i ddatrys unrhyw wrthdaro.

# 20 creu rhwydwaith cymorth

*Beth yw sail ein bodolaeth os nad i wneud y byd yn llai anodd in gilydd?*
**George Eliot, awdur a bardd**

Dydy gofyn am help ddim yn arwydd o wendid, mae'n arwydd o aeddfedrwydd a chryfder ac yn dangos dy annibyniaeth cynyddol.

Mae'n hanfodol i ti allu troi at bobl y gelli di ymddiried ynddyn nhw a gwybod y byddan nhw'n dy helpu di. Mae cael gafael ar yr help mae ei angen arnat ti, nid yn unig fel person ifanc yn dy arddegau ond gydol dy fywyd, yn agwedd allweddol ar dy wytnwch – dy allu i ymdopi pan fydd bywyd yn anodd.

Galli di ddysgu am y math o rwydweithiau cymorth sydd ar gael i ti drwy gasglu gwybodaeth o uned gymorth dy ysgol, dy lyfrgell leol, drwy chwilio ar-lein a holi o gwmpas. Bydd angen i ti fod yn rhagweithiol a magu dewrder i gymryd y camau cyntaf, ond bydd yn rhoi cymaint o fudd i ti pan fyddi di'n mynd ati.

## gair bach gwyddonol

Gwelodd y therapydd teuluol Joelle Johnson y gall crybwyll problem wrth rywun arall, y weithred syml o estyn allan at rywun arall i rannu heriau emosiynol, fod yn gathartig ynddo'i hun. Gall teimlo gofal, dealltwriaeth, tosturi a phryder person arall leihau dwyster y teimladau.

Mae gofyn am help yn dy helpu go iawn.

## dod o hyd i gymorth

Meddylia am y math o gymorth sydd ei angen arnat ti yn ystod dy arddegau. Unwaith y byddi di'n nodi pwy sy'n gallu dy helpu di, byddi di'n dechrau gweld pa mor amrywiol ac eang y gall dy rwydwaith cymorth di fod. Noda ddau gefnogwr posib o dan bob maes sy'n effeithio arnat ti. Paid ag anghofio dy deulu estynedig – gall cwlwm gwaed a hanes cyffredin fod yn bwysig iawn!

### Rhywedd a rhywioldeb
Gall cwestiynau sydd gyda ti am rywedd a rhywioldeb, deimlo'n breifat iawn ac efallai'n anghyfforddus i'w gofyn. At bwy gallet ti droi â'r cwestiynau hyn? A oes grŵp ieuenctid ar gael i ti, gyda chwnselwyr neu weithwyr cymorth? Oes gyda ti berthynas neu ffrind i'r teulu a allai fod yn glust i wrando? Pwy allai dy helpu?

 _____  _____

### Iechyd corfforol

Sut mae dy iechyd? Wyt ti'n hapus â dy lefelau ffitrwydd? Dyma'r unig gorff gei di, ac mae gofalu amdano'n hanfodol er mwyn byw bywyd iach. Wyt ti'n gallu siarad â dy rieni am fwyta'n iach neu ddod o hyd i ffrind i redeg gyda nhw?

 _____   _____

### Iechyd emosiynol

Pwy yw dy gefnogwyr gorau pan fydd angen ysgogiad ac anogaeth arnat ti? Os wyt ti wir yn cael trafferth â gorbryder neu straen, wyt ti'n teimlo y gallet ti fynd at nyrs yr ysgol neu gwnselydd. Neu oes gyda ti fodryb efallai sy'n un dda am wrando? At bwy byddet ti'n troi?

 _____   _____

### Addysg

Pa gefnogaeth addysgol sydd yna i ti os wyt ti'n ei chael hi'n anodd? Oes yna glwb gwaith cartref yn yr ysgol y gelli di ei fynychu? Wyt ti'n gallu ymddiried mewn athro i ofyn am arweiniad ynglŷn â sgiliau adolygu? Oes gyda ti chwaer fawr i dy helpu gyda dy algebra?

 _____   _____

**Problemau perthynas**

Os wyt ti'n cael trafferthion gyda dy deulu, ffrindiau neu gariad, gall problemau perthynas wneud i ti anobeithio, yn enwedig os mai ffynhonnell y broblem yw'r person byddet ti fel arfer yn troi ato am gymorth. Oes gyda ti berthynas neu weithiwr cymdeithasol, cefnder neu ffrind arall i droi ato?

Mae adnabod, sefydlu a meithrin rhwydweithiau cymorth yn dy fywyd yn un o'r pethau mwyaf grymus y galli di ei wneud drosot ti dy hun. Gall cael help pan fydd ei angen arnat ti'n gallu newid dy fywyd ac achub dy fywyd.

## sut i fod yn gefnogwr da dy hun

Mae systemau cymorth yn hynod o bwysig i'n lles. Maen nhw'n cynnwys pobl ddefnyddiol sy'n gallu dy lywio di i gyfeiriad cadarn. Mae'n bosib dy fod ti'n rhan o system gymorth rhywun arall hefyd. Efallai bod dy frawd bach yn troi atat ti am arweiniad, efallai dy fod ti'n berson pwysig i'r plentyn rwyt ti'n ei ddysgu i ddarllen, efallai dy fod ti'n aelod allweddol o dîm gofal dy nain. Os wyt ti, bacha ar y cyfle i roi rhywbeth yn ôl a bod yn ddibynadwy, yn garedig a hael, neu chwilia am gymorth ychwanegol os nad wyt ti'n gallu ei roi.

## bod yn hapus, bod yn ti dy hun ...

... drwy drefnu carfan o gefnogwyr i fod yn gefn i ti.

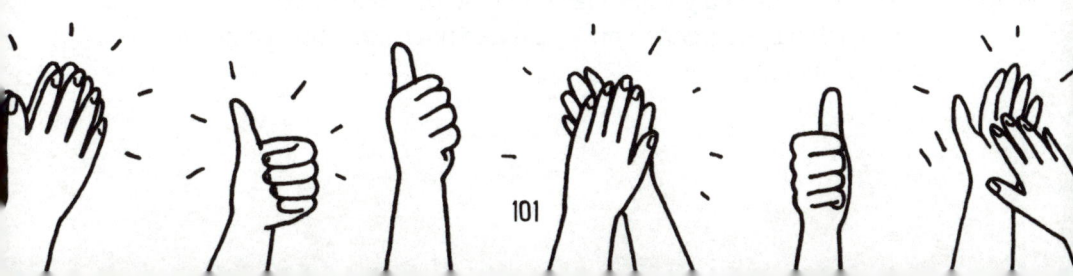

# 21 pwysau cadarnhaol gan gyfoedion

*Cofia bob amser dy fod ti'n gwbl unigryw. Yn union fel pawb arall.*
**Margaret Mead, anthropolegydd**

O ran bywyd yn ystod yr arddegau, pwysau gan gyfoedion sy'n cael y bai am bob math o bethau – troseddau cyllyll, cyffuriau, rhyw dan oed a gangiau. Mae'n ffaith fod pwysau gan gyfoedion, i raddau helaeth, yn gatalydd i bob math o ymddygiad peryglus.

Pwysau gan gyfoedion yw pan fydd pobl o'r un oedran â ti'n dylanwadu arnat ti i ymddwyn yn wahanol i'r arfer. Mae'n beth pwerus. Dywedodd 55 y cant o bobl ifanc yn eu harddegau eu bod nhw wedi trio cyffuriau am y tro cyntaf oherwydd eu ffrindiau. Dywedodd 33 y cant o fechgyn yn eu harddegau eu bod yn teimlo pwysau i gael rhyw cyn iddyn nhw deimlo'n barod oherwydd pwysau gan eu cyfoedion.

Yn gyffredinol, dydy pobl ddim eisiau edrych yn dwp, teimlo eu bod yn cael eu gadael allan o bethau na chael pobl yn chwerthin ar eu pennau nhw, ac maen nhw eisiau bod yn debyg i'w cyfoedion.

## gair bach gwyddonol

Mae pwysau gan gyfoedion yn gweithio oherwydd y ffordd mae ein hymennydd yn gweithio. Mae astudiaethau niwrolegol yn profi bod y cortecs cyndalcennol a'r striatwm (y rhannau o dy ymennydd sy'n adnabod gwobrau yn reddfol) yn dangos mwy o weithgaredd pan fyddi di'n ennill ymhlith dy grŵp cyfoedion na phan fyddi di'n ennill ar dy ben dy hun.

Rydyn ni'n ymateb yn reddfol i effaith pwysau gan gyfoedion. Rydyn ni'n awchu cymeradwyaeth ein cyfoedion ac yn cael gwefr ohono.

Ond ydy pob math o bwysau gan gyfoedion yn ddi-fudd? Ddim o gwbl.

## pwysau cadarnhaol gan gyfoedion

Rydyn ni'n tueddu meddwl am bwysau gan gyfoedion fel dylanwad negyddol, ac wrth gwrs, mae hynny'n wir os yw'n dy arwain i ymddwyn yn negyddol neu'n ddi-fudd. Ond gall ambell fath o bwysau gan gyfoedion fod yn gadarnhaol. Cynhaliwyd astudiaeth mewn gwesty, gyda dau arwydd gwahanol mewn stafelloedd 'molchi, yn annog gwesteion i ailddefnyddio tywelion. Roedd un arwydd yn gofyn i westeion ymuno â gwesteion eraill i ailddefnyddio tywelion, a'r llall yn gais syml i achub yr amgylchedd. Roedd y gwesteion a welodd yr arwydd grŵp cyfoedion 25 y cant yn fwy tebygol o ailddefnyddio'u tywelion.

Felly, os wyt ti angen astudio, yna mae angen i ti amgylchynu dy hun â disgyblion sy'n awyddus i astudio. Os oes angen i ti adael grŵp sy'n yfed gormod neu'n cymryd cyffuriau, mae'n bosib y bydd ymuno â grŵp sy'n mwynhau chwaraeon yn opsiwn gwell, gan y byddan nhw'n canolbwyntio mwy ar fyw'n iach a pharchu eu cyrff.

Mae pwysau gan gyfoedion yn gallu arwain at newidiadau cadarnhaol iawn ymhlith grwpiau o bobl. Bellach, mae'n cael ei dderbyn – o feysydd fel seicoleg i fyd hysbysebu – bod pwysau cadarnhaol gan gyfoedion yn fwy pwerus na chyflwyno ffeithiau moel brawychus i bobl.

Treulio amser yng nghwmni pobl wych â gwerthoedd gwych yw'r ffordd orau ymlaen.

## sut i wrthsefyll

Rydyn ni'n parchu'r ffaith dy fod ti eisoes yn gwybod pam nad oes lle i yfed dan oed, cyffuriau, cyllyll, gangiau ac ati yn dy fywyd. Bydd ysgolion, dy rieni a synnwyr cyffredin wedi dysgu hyn i ti dro ar ôl tro.

OND

Mae'n frwydr weithiau i wrthsefyll pwysau negyddol gan gyfoedion a darganfod sut i ddweud na, heb fod mewn perygl o golli ffrindiau neu i bobl ystyried nad wyt ti'n cŵl. Dyma pam mae hyd yn oed pobl gall yn ildio.

Meddylia am y sefyllfaoedd canlynol:

Mae ffrind yn dweud nad yw dy sbectol newydd di'n cŵl ac y dylet ti feddwl o ddifri am gael lensys cyffwrdd fel hi.

*Beth gallet ti ddweud?*

Mae dy grŵp cyfoedion i gyd yn mynd i lawr i'r parc i ysmygu ac yn dy wahodd di.

*Beth gallet ti ddweud?*

Mae dy ffrindiau'n rhannu clecs ar-lein am dy ffrind ac yn dy annog di i'w postio ar y cyfryngau cymdeithasol.

*Beth gallet ti ddweud?*

Un ateb safonol i bob un o'r uchod yw dweud 'Na, dwi ddim yn gyfforddus â hynny', neu 'Na, dydy hynny ddim i fi', neu 'Dwi'n hapus fel ydw i.' Mae defnyddio ymadroddion 'Dwi' yn golygu nad wyt ti'n barnu'r grŵp am yr hyn maen nhw'n ei wneud. Y cyfan rwyt ti'n ei ddweud yw, 'Na, dwi ddim am wneud hynny oherwydd dwi ddim eisiau'.

Os wyt ti'n rhoi esgus fel, 'Sori, dwi ddim yn gallu gwneud heddiw achos dwi'n brysur', neu 'O, dwi ddim yn teimlo'n dda iawn', byddan nhw'n gofyn i ti dro ar ôl tro. Mae'n rhaid i ti fod yn glir bod 'na' yn golygu 'na'.

Nawr, mae'n rhaid i ti fod yn barod. Mae'n bosib na fydd dy gyfoedion yn parchu dy benderfyniad ac y byddan nhw'n dal ati i wthio neu'n dy feirniadu di am ddweud na.

Y gwir amdani yw, yr unig ffordd allan weithiau yw mentro cael dy ystyried yn rhywun sydd ddim yn cŵl a cholli'r grŵp hwnnw o ffrindiau. Ond os yw hynny'n wir, canolbwyntia dy feddwl ar beth rwyt ti wedi'i ennill. Dy iechyd, dy ddiogelwch, y cyfle i ddod o hyd i grŵp cyfoedion mwy cadarnhaol, record lân a hunan-barch ...

## bod yn hapus, bod yn ti dy hun ...

... drwy fod yn unigryw. Mae angen i ti gynnal dy safonau uchel a dim ond teimlo pwysau i wneud pethau rwyt ti'n gwybod sy'n werth chweil.

DPI (darn pwysig iawn): Os wyt ti'n dal i gael dy roi dan bwysau i wneud unrhyw beth sy'n dy wneud di'n anghyfforddus, gofynna am gymorth gan oedolyn y galli di ymddiried ynddo.

# 22 cynllunio detox digidol

Rydyn ni'n byw heddiw, nid yn y digidol. Nid yn y corfforol. Ond mewn rhyw fath o *minestrone* o'r ddau mae'r meddwl wedii greu.

**Paola Antonelli, curadur amgueddfa**

Mae *minestrone* yn drosiad mor wych. Cawl Eidalaidd trwchus a blasus sy'n llawn pasta a llysiau yw hwnnw, felly mae'n eithaf maethlon. Ond mae'n gawl cymhleth iawn, ac yn union fel y rhyngrwyd, mae weithiau'n anodd penderfynu beth yw beth.

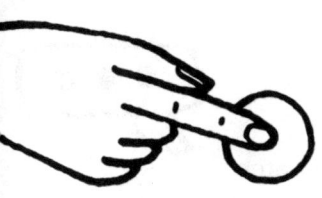

## gair bach gwyddonol

Mae ymchwil i'r cyfryngau cymdeithasol mor anghyson â'r disgwyl – mae'n fyd digidol cyfan ac mae pob un ohonon ni'n llywio'n ffordd drwyddo'n wahanol. Gall y cyfryngau cymdeithasol arwain at ofn colli allan – FOMO, neu ein hannog i gymharu ein hunain ag eraill, mae'n ei gwneud hi'n haws i bobl fwlio eraill ac yn cynyddu'r tebygolrwydd o gamddeall pethau. Mae'n gallu amharu ar gwsg.

Ar y llaw arall, gall helpu iechyd meddwl drwy ein cadw ni mewn cysylltiad a'n helpu ni i ddod o hyd i'n llwyth. Mewn un astudiaeth, roedd YouTube yn sgorio'n uchel o ran hunanfynegiant, ymwybyddiaeth, hunaniaeth ac adeiladu cymunedol, ond yn sgorio'n isel o ran helpu gyda chwsg.

Dangosodd ymchwil diweddar i gemau fideo fod gemau'n rhoi hwb i chwaraewyr, a bod eu sgiliau datrys problemau, ymwybyddiaeth ofodol, cof, sylw, canolbwyntio, IQ a chyflymder eu darllen yn gwella. Ar y llaw arall, mae rhai chwaraewyr gemau'n dangos arwyddion o newidiadau i'r ymennydd sy'n gysylltiedig â dibyniaeth, er bod angen gwaith ymchwil i ystyried a yw problemau bywyd go iawn wedi gyrru rhai pobl i chwarae mwy nag sy'n llesol iddyn nhw.

## pam mae angen *detox* digidol?

Os wyt ti'n teimlo dy fod ti'n syllu ar dy ffôn yn aml, yn ateb negeseuon yn hwyr yn y nos, yn poeni am beidio ag ateb negeseuon yn ddigon cyflym, yn cael dy lyncu gymaint gan gêm fideo neu fideo YouTube nad wyt ti eisiau gwneud pethau eraill, neu'n mynd yn flin pan mae rhywun yn gofyn i ti stopio, os nad wyt ti'n mynd allan o'r tŷ rhyw lawer, yn osgoi pobl go iawn neu'n ei chael hi'n anodd cysgu neu ganolbwyntio – gallai cyfnod o detox digidol helpu.

Mae detox digidol bob yn hyn a hyn yn gallu dy helpu i bwyso a mesur pa mor iach yw dy fywyd digidol, a dy atgoffa beth rwyt ti'n ei hoffi am y byd go iawn.

## cynllunio *detox* digidol

Mae cynllunio dy *detox* digidol dy hun yn golygu y bydd yn haws i ti gadw ato, ac yn fwy o hwyl. Dewisa'i wneud un diwrnod bob wythnos ar ôl ysgol, am ddiwrnod cyfan neu am benwythnos. Arbrofa i weld beth sy'n gweithio orau i ti.

1. Trefna ddyddiad ac amser ar gyfer y *detox*.
2. Byddai'n syniad rhoi gwybod i rai pobl, fel nad oes angen i ti boeni am ateb negeseuon neu bobl yn meddwl dy fod ti'n eu hanwybyddu. Mae'n bosib y byddan nhw eisiau ymuno yn y *detox* digidol, neu gynnig dy helpu.
3. Cynllunia weithgareddau all-lein hwyliog a difyr. Pethau wyt ti'n eu mwynhau ac sy'n mynd i dynnu dy sylw. Os wyt ti'n gweld dy hun yn mynd gyda llif pethau eraill, mae llai o siawns y byddi di'n dioddef FOMO neu'n ildio i'r demtasiwn o edrych ar dy ffôn. Gall mynd allan i rywle am ddiwrnod cyfan weithio'n dda iawn.
4. Ychydig cyn i ti gychwyn, diffodd dy hysbysiadau a dilea dy apiau (rhywbeth dros dro yn unig yw hyn).
5. Galli di hyd yn oed roi band elastig neu orchudd (fe fyddai hen hosan yn gwneud y tro!) dros dy ffôn i dy atgoffa i beidio ag edrych arno.

## mesurau mwy hirdymor

Mae gan lawer o ddyfeisiau ffyrdd o gyfyngu ar faint rwyt ti'n eu defnyddio.

Mae cadw trefn ar hysbysiadau'n golygu mai ti sy'n rheoli eto.

Gall cadw dyfeisiau allan o dy lofft wneud gwahaniaeth mawr. Dewisa'r llwybr hen ffasiwn a defnyddia gloc larwm neu radio.

- Beth wnest ti ei ddysgu amdanat ti dy hun o dy *detox* digidol?
- Ar ôl byw hebddo mor hir â hyn, oes yna unrhyw ddyfais neu ap rwyt ti'n meddwl y galli wneud hebddo'n barhaol?
- Oedd yna bethau penodol roeddet ti wir yn eu colli neu ddim yn eu colli o gwbl?
- A fyddet ti'n ystyried trefnu amser rheolaidd i ailadrodd y profiad?

## bod yn hapus, bod yn ti dy hun ...

... drwy gadw rheolaeth ar dy ddefnydd o'r rhyngrwyd a mynd ati i gynnal *detox* digidol yn rheolaidd i fyfyrio a chael ail wynt.

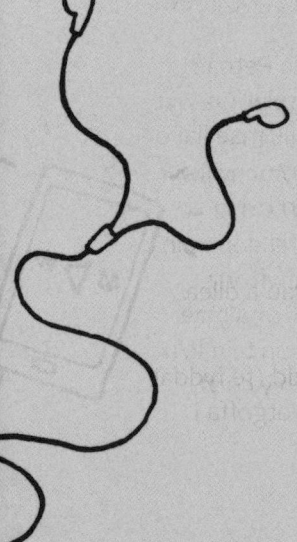

# 23 perthnasoedd iach hapus

> Mae mentro gosod ffiniau'n ymwneud â bod yn ddigon dewr i garu ein hunain hyd yn oed pan fydd yna berygl y byddwn ni'n siomi eraill.
> Brené Brown, athro ymchwil

Mae hormonau'n effeithio ar emosiynau ac yn gwneud perthnasoedd yn fwy deniadol i bobl ifanc yn eu harddegau, ond gall y teimladau cymhleth sy'n cyd-fynd â nhw fod yn llethol iawn. Ac mae mwy i hynny na dim ond bod mewn perthynas. Mae gwirioni ar rywun yn achosi straen hefyd. Heb sôn am yr heriau o beidio â bod mewn perthynas pan fydd pawb arall mewn perthynas.

## gair bach gwyddonol

Pan fydd person yn mopio'i ben yn lân â rhywun, mae ymchwilwyr wedi defnyddio offer delweddu'r ymennydd i ddangos bod 12 rhan o'r ymennydd yn cydweithio i ryddhau cemegau fel dopamin, adrenalin a serotonin sy'n creu teimlad o orfoledd ac ewfforia. Mae hyn i gyd yn swnio'n anhygoel yn ddamcaniaethol, ond mae adrenalin yn hormon straen ac mae dopamin yn hormon teimlo'n dda. Gyda'r holl adweithiau cemegol hyn yn digwydd yn y corff, mae'n hynod o bwysig bod ffiniau iach yn eu lle.

# ffiniau iach

Edrycha beth mae arbenigwyr perthynas gyda Relate yn eu nodi fel ffiniau iach i'r arddegau:

- Pryd i ddweud 'Dwi'n dy garu di'. Mae'n iawn i beidio â theimlo felly ar unwaith. Mae pawb yn cyrraedd y pwynt hwnnw ar adegau gwahanol.

- Amser gyda ffrindiau. Dylet ti allu teimlo bob amser dy fod ti'n gallu treulio amser gyda ffrindiau, a phobl o'r un rhyw neu'r rhyw arall, heb orfod gofyn am ganiatâd.

- Amser ar wahân. Dylet ti allu dweud wrth dy gariad pryd byddi di eisiau gwneud pethau ar dy ben dy hun, a pheidio â theimlo bod yn rhaid i chi dreulio'ch holl amser gyda'ch gilydd.

- Ffiniau digidol a chymdeithasol. Mae'n bwysig trafod os yw hi'n iawn rhannu negeseuon am eich perthynas ai peidio, dilyn ffrindiau eich gilydd neu ddefnyddio dyfeisiau eich gilydd.

- Derbyn corfforol. Mae pornograffi a'r cyfryngau'n arwain rhai pobl i dderbyn syniadau camarweiniol am ryw, cyrff a pherthnasoedd. Mae hyder yn y corff mor bwysig, a rhaid i bartneriaid barchu dy gorff fel y mae.

- Gosod ffiniau ynglŷn â rhyw. Ti sydd â'r hawl i benderfynu pryd ac os wyt ti am gael rhyw, a pha weithredoedd rhywiol rwyt ti'n gyfforddus â nhw. Mae'n bwysig trafod hyn â dy gariad.

- Caniatâd. Mae'n rhaid i'r ddau berson deimlo'n ddiogel a chytuno'n llwyr am unrhyw weithredoedd rhywiol. Hyd yn oed os wyt ti'n rhoi dy ganiatâd, mae'n iawn i ti newid dy feddwl ar unrhyw adeg.

## mynegi ffiniau

Mae'n gallu bod yn anodd mynnu ein ffiniau a gofyn i bobl eraill am eu ffiniau nhw os nad ydyn ni wedi meddwl amdanyn nhw neu eu hymarfer. Mae'n syniad i ti ymarfer â'r brawddegau hyn:

Dwi'n gyfforddus gyda …
Dwi ddim yn barod i …
Y cyfan dwi eisiau ei wneud yw …
Beth am gadw at …
Wyt ti eisiau …
Dwi ddim yn awyddus i …
Dwi'n hapus fel rydyn ni …
Sut rwyt ti'n teimlo am …
Wyt ti'n teimlo'n gyfforddus os ydyn ni'n …
Wyt ti'n barod i roi cynnig ar …

## datrys gwrthdaro

Mae pawb yn gweld pethau'n wahanol, ond y penderfyniad pwysicaf yw a wyt ti'n gallu cyfaddawdu. Gall dadleuon fod yn anodd; yn aml, nid testun y ddadl yw'r broblem go iawn.

Ceisia gadw cydbwysedd rhwng anghenion y ddau ohonoch chi gan fynd i wraidd y broblem go iawn. Mae angen i ti oedi a meddwl beth yw sail y teimlad, pam wyt ti'n teimlo fel wyt ti ac o ble mae'n dod. Ydy'r teimlad yn ymwneud â therfyn, pwysau, teimlad, amheuaeth neu bryder?

Siarada, a cheisia beidio â chynhyrfu wrth i ti esbonio beth sy'n dy boeni. Edrycha ar y bennod ar ddatrys gwrthdaro i gael rhai awgrymiadau.

Chwilia am gyfaddawd, ond paid â chyfaddawdu am dy ffiniau.

## ffiniau sydd ddim yn agored i'w trafod

Mae rhai pethau na ddylet ti fyth gyfaddawdu yn eu cylch:

1. Gwneud i ti deimlo dy fod ti'n cael dy amharchu.
2. Peidio â bod yn agored a gonest.
3. Anwybyddu'r hyn sy'n bwysig i ti.
4. Cam-drin geiriol ac emosiynol.
5. Trais corfforol a chamdriniaeth.
6. Ymddygiad sy'n rheoli.

## bod yn hapus, bod yn ti dy hun ...

... drwy ddiffinio ffiniau dy berthnasoedd.

# 24 siarad fel bod rhieni'n gwrando

> Daw llwyddiant wrth i ni ymestyn i heriau bywyd. Daw methiant wrth gilio oddi wrthyn nhw.
> John C. Maxwell, arbenigwr ar arweinyddiaeth

Yn debyg i neidr yn bwrw'i chroen, byddi di'n bwrw ambell groen plentyndod yn ystod dy arddegau. Gall hynny godi ofn arnat ti ac ar dy rieni, ond mae'n rhan naturiol o dyfu i fyny a dod yn fwy annibynnol.

## gair bach gwyddonol

Mae ymchwil yn dangos bod pobl ifanc a'u rhieni'n gweld newid yn ystod yr arddegau mewn ffyrdd gwahanol iawn. Mewn astudiaeth o 2,700 o bobl ifanc yn eu harddegau yn yr Almaen, roedd y bobl ifanc yn graddio eu personoliaethau ddwywaith, unwaith yn 11 oed ac yna yn 14 oed. Graddiodd eu rhieni nhw hefyd. Wrth raddio 'hynawsedd – bod yn ddymunol', roedd y rhieni'n gweld llawer mwy o ddirywiad na'r bobl ifanc.

Ydy hyn yn canu cloch? Ydy dy rieni neu dy ofalwyr yn meddwl dy fod ti'n fwy dadleugar nag wyt ti'n credu wyt ti?

Yn y gorffennol, roedd arbenigwyr yn credu bod angen tensiwn a gwrthdaro teuluol yn ystod glaslencyndod – *adolescence* – er mwyn i bobl ifanc yn eu harddegau dyfu'n annibynnol. Ond mae ymchwil newydd yn dangos bod pobl ifanc sy'n profi mwy o wrthdaro â'u rhieni'n parhau i gael trafferthion, ac nad ydyn nhw'n gwneud cystal fel oedolion.

Mae pobl ifanc yn gweld gwrthryfela fel ffordd o nodi eu bod yn unigolion ar wahân i'w rhieni. Ond mae rhieni'n ei weld fel her i'w gwaith nhw o gadw pobl ifanc yn ddiogel ac yn hapus. Y gwir amdani yw bod gwrthryfela'n weithred o ddibyniaeth yn hytrach nag o annibyniaeth.

Mae gwrthryfela'n aml yn dibynnu ar gythruddo'r person rwyt ti eisiau mwy o annibyniaeth oddi wrthyn nhw.

A dyna pam mae gwrthryfela'n arwain at fwy o straen.

Mae angen i ti fwrw dy groen a dod yn fwy annibynnol, oes yn sicr, ond efallai fod ffordd arall o fod yn wahanol ac o ennill annibyniaeth, ffordd sy'n golygu llai o straen i ti a llai o ddweud y drefn gan dy rieni ...

Mae sôn am y peth yn swnio'n amlwg, ac ychydig yn boenus mae'n debyg, ond mae'n dy wneud di'n annibynnol ac yn aeddfed, heb y straen a'r tensiwn a ddaw o fod yn wrthryfelgar.

Seicoleg wrthdro – *reverse psychology* – yw hyn.

## siarad fel bod rhieni'n gwrando

Meddylia am un sefyllfa sy'n achosi straen i ti, rhywbeth rwyt ti eisiau gallu'i wneud ond yn amau na fydd dy rieni'n ei ganiatáu.

*Beth sydd ei angen arna i?*

- Ydw i wir eisiau hyn neu ydw i'n teimlo bod eraill yn rhoi pwysau arna i wneud rhywbeth? (Os wyt ti'n teimlo dan bwysau gan ffrindiau, mae'n bosib y bydd yr awgrymiadau yn y bennod am bwysau gan gyfoedion yn ddefnyddiol.)
- Sut galla i ddangos 'mod i'n ddigon aeddfed i ymdopi?
- Sut galla i argyhoeddi fy rhieni/gofalwyr y bydda i'n hapus ac yn ddiogel?
- Beth yw eu pryderon? (Mae gofyn iddyn nhw'n bwyllog yn rhoi cyfle i ti gynnig atebion.)
- Pryd yw'r amser gorau i drafod y peth? (Weithiau, gall gofyn am amser i drafod rhywbeth fod yn well na'i daflu i'r pair pan maen nhw eisoes dan straen.)

## pan maen nhw'n dal i ddweud na!

Weithiau, dydy rhieni ddim yn ildio. Gall hynny fod yn rhwystredig iawn, ond gallai'r canlynol helpu:

- Ceisia wrando'n bwyllog ar eu rhesymau dros wrthod – mae adborth yn ddefnyddiol.

- Gofynna beth galli di wneud i gael caniatâd i wneud beth rwyt ti ei eisiau.
- Sianela dy egni i weithio ar brofi eu bod nhw'n gallu ymddiried ynot ti.

## pan does dim byd yn eu hargyhoeddi nhw ...

Mae'r awydd i wrthryfela'n aml yn arwydd dy fod ti'n barod am fwy o her yn dy fywyd, dy fod ti'n barod i dyfu i fyny ychydig eto.

Mae seicolegwyr yn awgrymu mai'r *ateb* i wrthryfel yw her.

Oes her arall y gallet ti ymgymryd â hi?

Byddi di'n teimlo llai o gywilydd yn dweud wrth dy ffrindiau nad wyt ti'n gallu gwneud rhywbeth oherwydd dy fod ti'n dysgu dringo, chwarae gitâr, coginio sushi, tynnu lluniau, gwneud ffilmiau neu sgwrsio â rhywun sy'n gwneud dy swydd ddelfrydol.

✎ Heriau dwi eisiau mynd i'r afael â nhw ...

Cyfeiria dy ysfa i fod yn wrthryfelgar ar archwilio sut fath o oedolyn rwyt ti am fod.

Efallai y byddi di eisiau chwilio am ysbrydoliaeth yn y bennod ar nodau.

## bod yn hapus, bod yn ti dy hun ...

... drwy fyfyrio ar beth mae annibyniaeth yn ei olygu i ti mewn gwirionedd a chwilio am gyfleoedd yn lle gwrthryfel a gwrthdaro.

# 25 goroesi gwahanu

Does dim y fath beth â "theulu wedi chwalu". Teulu yw teulu, waeth faint o dystysgrifau priodas, papurau ysgariad a dogfennau mabwysiadu sydd gan rywun. Mae teuluoedd yn cael eu creu yn y galon.
**C. Joybell C., awdur**

Mae 42 y cant o briodasau yn y Deyrnas Unedig yn gorffen mewn ysgariad, ac mae 4 o bob 10 cwpl sy'n cyd-fyw yn gwahanu cyn treulio deng mlynedd gyda'i gilydd. Er bod y rhain yn niferoedd enfawr, mae'n rhaid cofio bod mynd drwy'r profiad yn beth dryslyd a gofidus, rhywbeth sy'n gallu troi byd rhywun wyneb i waered.

Felly sut mae goroesi rhieni'n gwahanu – pan mae'n digwydd gyntaf ac yn ddiweddarach pan fydd y llwch wedi setlo?

## pan mae'n digwydd gyntaf

Gad i ti dy hun alaru. Mae rhieni'n gwahanu yn gallu teimlo fel profedigaeth, colli sefydlogrwydd a sicrwydd, colli popeth sy'n gyfarwydd. Efallai dy fod ti'n teimlo wedi dy lorio'n llwyr, wedi dy frifo, yn drist, yn flin ac yn ddryslyd. Mae'n bosib y byddi di'n teimlo fel hyn hyd yn oed os oedd bywyd gartref yn anhapus ac yn llawn dadlau. Gad i ti dy hun deimlo, rho enw i dy deimladau a'u trafod â rhywun rwyt ti'n gallu ymddiried ynddo.

## paid â beio dy hun

Nid ti yw achos y gwahanu. Perthynas dy rieni yw eu perthynas nhw a neb arall – wnest di 'mo'i thorri hi a dwyt ti ddim yn gallu'i thrwsio hi.

## paid â bod yn glust neu'n ganolwr i dy rieni

Does dim rhaid i ti wrando ar dristwch, dicter neu gyhuddiadau un rhiant tuag at y llall, nac ar unrhyw gwynion am arian, trefniadau gwarchod neu dai sy'n gallu codi. Mae gyda ti bob hawl i ddweud:

'Peidiwch â 'nghynnwys i yn hyn, siaradwch â rhywun arall.'

Maen nhw'n oedolion ac mae pentyrru eu pryderon/cwynion arnat ti'n annheg. Paid â bod yn ganolwr chwaith – mae angen iddyn nhw gyfathrebu'n uniongyrchol â'i gilydd, nid drwot ti. Mae'n werth i ti osod dy ffiniau'n glir.

## gofyn am gefnogaeth

Efallai nad dy rieni yw'r bobl orau i dy helpu adeg ysgariad neu wahanu. Mae'n debygol eu bod nhw'n profi cryn dipyn o ing emosiynol. Bydd dod o hyd i berson sy'n deall dy sefyllfa i drafod pethau'n werth y byd i ti. Efallai fod gyda ti ffrindiau â rhieni sydd wedi gwahanu, neu fodryb, athro neu athrawes sy'n deall? Estynna allan; mae'n bwysig dy fod ti'n cael cefnogaeth.

## symud ymlaen

Wrth i amser symud ymlaen, gall gwahanu fod yn anodd o hyd. Dyma rai awgrymiadau o brofiad person ifanc i leddfu rhywfaint ar y sefyllfa:

- Defnyddia dy ffôn i gadw mewn cysylltiad. Beth am rannu'r rhaglenni teledu rwyt ti'n eu gwylio, neu erthyglau a allai fod o ddiddordeb i'r person arall?

- Pan fyddi di ar dy wyliau gydag un rhiant, defnyddia FaceTime i sgwrsio â'r llall er mwyn teimlo eich bod chi'n dal i fod mewn cysylltiad â'ch gilydd.

- Gwahodda'r ddau riant i ddigwyddiadau pwysig fel gemau a dramâu yn yr ysgol – hyd yn oed os nad dyna dy ddiwrnod di gyda nhw.

- Gwna gynlluniau gyda dy rieni, felly hyd yn oed os nad wyt ti'n gweld un ohonyn nhw am gyfnod, mae gyda chi'ch dau rywbeth i edrych ymlaen ato.

- Chwilia am bethau rwyt ti'n mwynhau eu gwneud gyda dy ddau riant. Gall gwahanu arwain at amser un-i-un gwerthfawr iawn.

- Dysga dy rieni am y cyfryngau cymdeithasol, fel eich bod chi'n gallu rhannu lluniau a newyddion â'ch gilydd. Beth am greu grŵp WhatsApp teuluol, os yw eu perthynas nhw'n ddigon da?

- Chwilia am le sy'n agos at dy galon yn y ddau dŷ, a gwna dy orau i wneud y llefydd hynny'n arbennig.

- Paid â theimlo'n wael os wyt ti'n cael amser gwych gydag un rhiant ac yn meddwl y bydd hynny'n gwneud y llall yn drist. Mae dy rieni eisiau i ti fod yn hapus, a nhw sy'n gorfod delio â'u teimladau nhw.

- Yn y dyfodol, gallet ti hyd yn oed helpu dy rieni â phroffiliau detio (ond gwna'n siŵr nad yw'r ddau ohonyn nhw'n defnyddio'r un gwefannau!)

(Diolch i Felicity Flood am ei chyngor)

# rheoli'r hyn rwyt ti'n gallu

Mae pob sefyllfa'n wahanol, ac mae nifer o'r awgrymiadau uchod yn dibynnu ar dy rieni'n cydweithredu â'i gilydd. Alli di ddim rheoli eu parodrwydd i wneud hynny ai peidio. Ond galli di reoli llawer o bethau: y gefnogaeth rwyt ti'n ei chael, mynnu dy hawl i fod yn niwtral, mynegi sut rwyt ti'n teimlo.

# bod yn hapus, bod yn ti dy hun ...

... drwy ofalu amdanat ti dy hun a chaniatáu amser i ddod dros bethau. Mae'r rhan fwyaf o bethau'n iawn yn y pen draw.

# 26 goroesi colled

**Mae byw mewn calonnau ar ôl i ni adael yn golygu peidio â marw.**
Thomas Campbell, bardd

Mae'n debyg mai colli rhywun rwyt ti'n ei garu yw'r peth tristaf y galli di ei brofi. Does dim byd yn torri dy galon di'n fwy, ac gall y galar deimlo'n ddiddiwedd ac yn llethol.

Felly pam rydyn ni'n sôn am golled mewn llyfr am hapusrwydd?

Mae galar yn gymhleth, yn flêr a gall bara'n hir. Ond mae'n rhaid mynd drwyddo er mwyn dod allan yr ochr arall. Gall deimlo'n debyg iawn i iselder a gall y tristwch deimlo'n llethol.

## gair bach gwyddonol

Mae George Bonanno, sy'n ymchwilio i alar, wedi bod yn edrych ar sut rydyn ni'n ymdopi â cholled ac mae ei ganfyddiadau'n gysur.

Yn ei lyfr *The Other Side of Sadness*, mae'n dweud bod dioddef colled yn rhan arferol o fywyd a bod y broses alaru yn rhywbeth rydyn ni i gyd yn mynd drwyddi. Er bod galaru'n gallu ymddangos yn llethol, i'r rhan fwyaf o bobl, mae'n brofiad rydyn ni'n dysgu byw gydag ef.

Yn syml, mae'n dweud bod galar yn rhan naturiol o fyw, ac y byddwn ni'n dod drwyddi yn un darn waeth pa mor anodd mae'n ymddangos.

Cofia, mae dy deimladau di'n hollol normal. Mae ymdopi â galar yn broses reddfol, a byddi di'n dod drwyddi, er efallai ychydig yn wahanol yn y pen draw.

## paid â chau'r cyfan y tu mewn i ti

Anystyriol iawn fyddai dweud wrthot ti fod hapusrwydd yn ddewis pan fydd dy galon di wedi torri. Wrth gwrs dy fod ti'n ofnadwy o drist, ac mae'n bwysig iawn peidio â gwthio hynny i ffwrdd (neu esgus nad yw yno).

Mae angen i ti bwyso ar y rhai sy'n dy garu di, trin dy hun yn garedig a gadael y tristwch allan. Dydy cau'r cyfan i mewn ddim yn gweithio – bydd naill ai'n cronni ac yn saethu allan ohonot ti, neu byddi di mor llawn o deimladau trist fel bod galar yn cyffwrdd â phopeth rwyt ti'n ei wneud. Does dim un o'r rhain yn gwneud lles i ti (nac i unrhyw un arall) felly cofia siarad, rhannu dy deimladau a chrio pan fydd angen.

Pan fydd rhywun rwyt ti'n ei garu'n marw, byddi di'n teimlo llif o emosiynau, o ddicter i wadu, o euogrwydd i dristwch a beio ac yn ôl eto. Er mor ofnadwy, mae hyn yn hollol normal. Un o'r teimladau gwaethaf yw'r gwacter, a'r diffyg pleser o gael y person roeddet ti'n ei garu yn dy fywyd.

Mae'n bosib gwneud rhywbeth am hyn.

## dathlu eu bywyd

Mae'n wir mai'r unig reswm ein bod ni'n galaru yw oherwydd ein bod ni wedi caru.

Ar y dechrau, byddi di'n teimlo mor drist; mae'n anodd meddwl am bopeth rwyt ti wedi'i rannu â'r un sydd wedi mynd. Mae'n demtasiwn gwthio unrhyw atgofion ohono o'r neilltu oherwydd eu bod nhw mor boenus.

Dydy'r cwlwm emosiynol rhyngot ti a'r un sydd wedi marw ddim yn marw hefyd. Gall atgofion a phrofiadau cyffredin gynnal y cwlwm. Mae cadw'r rhain yn fyw ac yn dy fywyd yn dy helpu di i ganolbwyntio ar y cariad yn hytrach nag ar dy golled. Mae cadw'r rhain yn fyw yn dy helpu i ganolbwyntio ar fywyd yr un rwyt ti'n ei golli, yn hytrach nag ar ei farwolaeth.

Meddai Becky, 'Roedd Mam yn caru rhosod mawr, lliwgar, llawn persawr. Am gyfnod hir ar ôl iddi farw, roedd fy nghalon yn brifo pan oeddwn i'n gweld rhosod. Nawr, rai blynyddoedd yn ddiweddarach, dwi'n llenwi'r tŷ â rhosod lliwgar a dwi'n meddwl amdani ac yn gwenu wrth feddwl amdani yn ei gardd. Dwi mor falch iddi 'nghyflwyno i i rosod. Mae eu cadw nhw yn y tŷ yn ei chadw hi gyda fi.'

## diolch

Meddylia am yr un rwyt ti wedi'i garu a'i golli. Efallai yr hoffet ti gadw llun o'r person yn y llyfr hwn.

Pa bethau gwych wnaeth y person yma dy gyflwyno di iddyn nhw, eu rhannu â ti neu ddod â nhw i dy fywyd?

Ysgrifenna lythyr diolch wrth ymyl y llun yn cydnabod yr holl bethau hyn ac yn mynegi dy ddiolchgarwch.

Does dim rhaid i ti golli'r pethau hyn.

Yn bendant, galli di ddal gafael ynddyn nhw wrth i ti fyw dy fywyd. Mae gwneud hynny'n cynnal dylanwad yr unigolyn ar dy fywyd ac yn dy helpu di i'w ddathlu. Dyma eu rhodd nhw i ti.

Mae trysori a rhoi gwerth ar eu bywyd yn golygu eu cario nhw ymlaen, eu dathlu a'u cofio wrth i ti dyfu, gadael iddyn nhw fyw ymlaen drwot ti. Os wyt ti eisiau gweld golau, mae'n rhaid i ti chwilio amdano.

Efallai y byddi di eisiau llunio rhestr lawnach o'r holl bethau sy'n dod i'r meddwl pan fyddi di'n cofio am yr holl ddoniau a'r gwaddol rwyt ti wedi'u cael gan y person rwyt ti wedi'i golli. Galli di gadw'r rhestr yn dy ddyddiadur a pharhau i ychwanegu ati. Bydd gwneud hynny'n crynhoi dy atgofion cynnes ac yn ffordd hyfryd o gadw'r person yna gyda ti wrth i ti symud ymlaen.

Rydyn ni'n anfon cwtsh mawr a thyner atat ti.

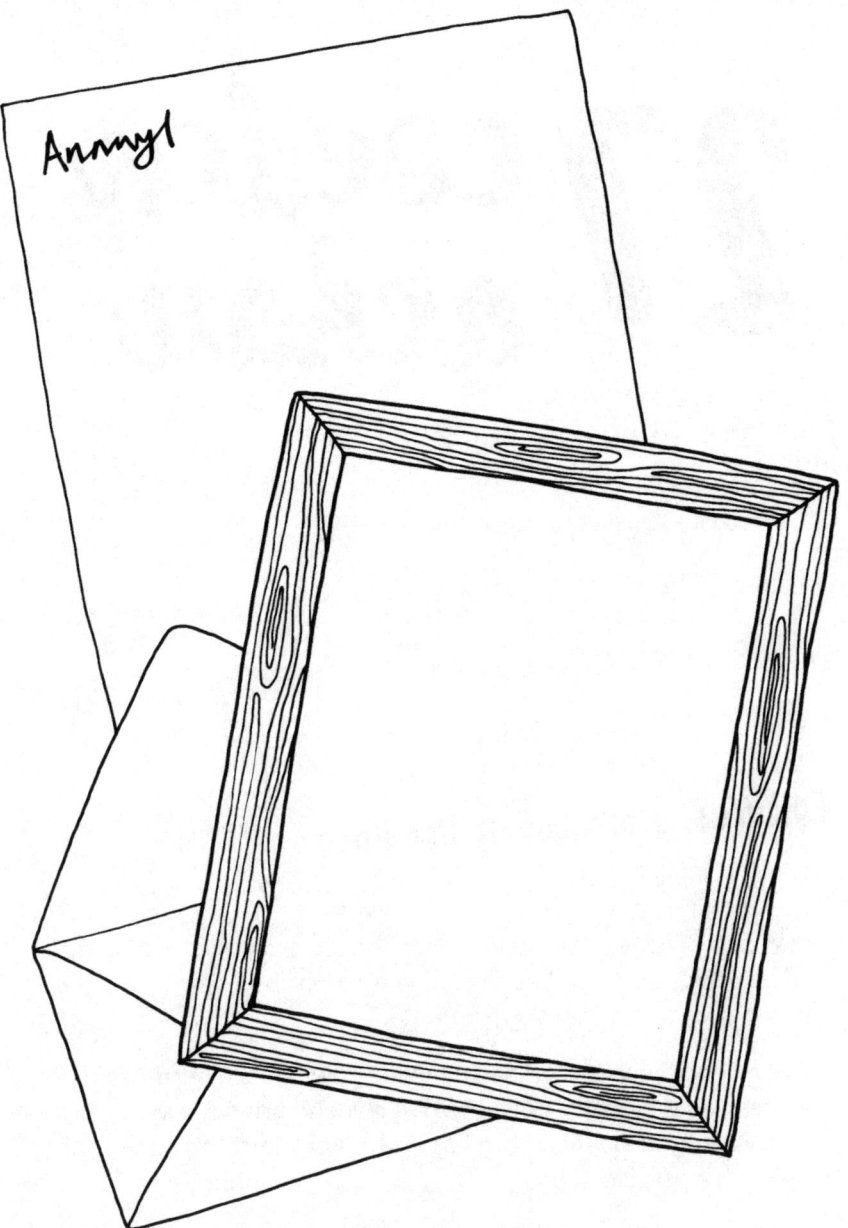

## bod yn hapus, bod yn ti dy hun ...

... drwy ddathlu gwaddol y rhai rwyt ti wedi'u caru a'u colli drwy gadw eu rhoddion i ti yn dy fywyd.

# 27 coeden achau

> Dwyt ti ddim yn datblygu dewrder drwy fod yn hapus yn dy berthnasoedd bob dydd. Rwyt ti'n ei ddatblygu drwy oroesi cyfnodau anodd a thrwy herio helbulon.
>
> **Epicurus, athronydd o'r Hen Roeg**

Mae pob math o goed achau ar gael – coed teuluol, fel y mae rhai yn eu galw – ac erbyn heddiw rydyn ni'n deall bod siâp teuluoedd modern yn amrywio'n aruthrol.

Gall gwybod mwy am ein teulu helpu i ddwysáu ein perthnasoedd a'n teimlad o berthyn. Gall hefyd ein gwneud ni'n fwy gwydn, a thrwy hynny ein gwneud ni'n hapusach. Achyddiaeth yw'r enw ar y gwaith o astudio achau.

Os nad wyt ti'n byw gyda dy deulu genedigol, mae'n bosib bod gyda ti fwy nag un coeden achau, a bod rhannau o dy goeden achau'n hollol anghyfarwydd i ti. Rydyn ni wedi cynnwys awgrymiadau ar gyfer gwahanol fathau o deulu gyda'r gweithgareddau yn yr adran hon.

## gair bach gwyddonol

Mae ymchwilwyr ym Mhrifysgolion Graz, Berlin a Munich wedi darganfod bod meddwl neu ysgrifennu am hynafiaid diweddar neu bell wedi helpu myfyrwyr i deimlo bod ganddyn nhw fwy o reolaeth. Wrth sefyll prawf ar ôl meddwl am eu cyndeidiau, fe roddon nhw gynnig ar fwy o gwestiynau a pherfformio'n well!

Esbonia'r astudiaeth fod ein hynafiaid wedi llwyddo i oresgyn pob math o broblemau, fel afiechydon difrifol, rhyfeloedd, colli anwyliaid, problemau ariannol a llawer mwy. Felly, pan fydd pobl yn meddwl am eu cyndeidiau, maen nhw'n teimlo cysylltiad â'r wybodaeth bwerus fod bodau dynol yn gallu llwyddo i oresgyn pob math o frwydrau a heriau anodd.

Meddylia am yr holl bethau y bu'n rhaid i dy hynafiaid eu goroesi er mwyn i ti fod yn fyw heddiw. Galli di fod yn sicr bod rhywun wedi goroesi salwch, rhywun wedi goroesi rhyfel a rhywun wedi goroesi methiant neu broblem ariannol er mwyn i ti fod yma.

Mae cymaint o wytnwch ym mhob llinach o hynafiaid.

> Achyddiaeth: Lle rwyt ti'n drysu'r meirw ac yn cythruddo'r byw.
> Awdur anhysbys

# enghraifft o gart achau

Mae Sara yn 13 oed ac mae ganddi frawd 11 oed o'r enw Alex. Roedd hi eisiau ffordd haws o egluro'i llysfrodyr, llyschwiorydd, hanner brodyr a hanner chwiorydd i'w ffrind.

Mae ei mam (Marie) a'i thad (Dafydd) wedi ysgaru. Mae ei thad wedi ailbriodi, â Kelly, ac mae ganddyn nhw ferch, Chloe, sy'n ddwy oed, hanner chwaer Sara. Mae gan ei thad un chwaer o'r enw Molly, sydd wedi'i mabwysiadu. Mae hi'n briod â Steve ond does ganddyn nhw ddim plant. Mae rhieni ei thad, ei nain a'i thaid ar ochr yma'r teulu, Chris a Charlotte, yn fyw.

Mae gan ei mam bartner newydd o'r enw Siôn. Mae Siôn wedi gwahanu oddi wrth Eleanor, ac mae ganddyn nhw ddau o blant, Lois ac Anni, sef llyschwiorydd Sara.

Mae gan fam Sara un brawd o'r enw Peter, sy'n briod â Robert. Mae ganddyn nhw ddau o blant, merch o'r enw Modlen, sy'n 2 oed a bachgen o'r enw Guto, sy'n 4 oed. Dyma gefnder a chyfnither Sara. Bu farw taid Sara ar ochr ei mam, George, yn 80 oed. Mae ei nain, Valerie, yn dal yn fyw ac yn 68 oed.

ALLWEDD

Pobl
☐ gwryw
○ benyw
▽ hoyw
▽ lesbiad
☺ deurywiol b
☺ deurywiol g
◯ ◻ trawsryweddol
GaB BaG
◇ anifail anwes

Digwyddiadau

'08 ☐ blwyddyn geni

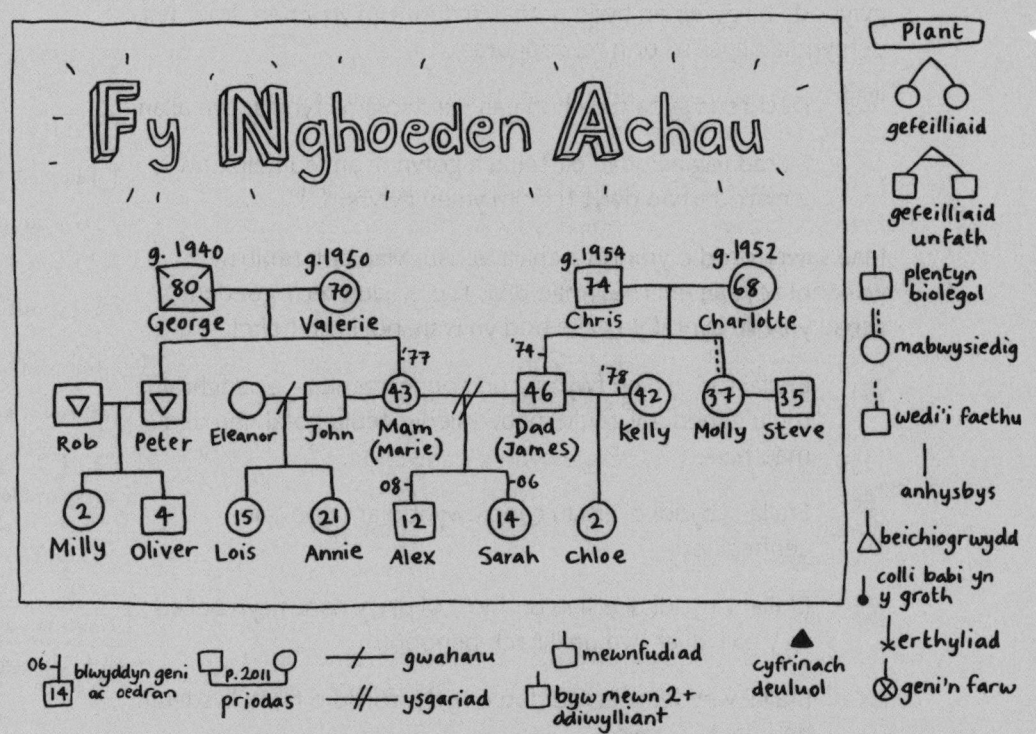

## creu dy goeden achau dy hun

Bydd angen darn mawr o bapur arnat ti – mae leinin papur wal yn rhad ac yn hir iawn, neu gallet ti ludo darnau o bapur at ei gilydd wrth i ti fynd yn dy flaen. Ar y dechrau, gall fod yn anodd gwybod i ba gyfeiriad bydd pethau'n datblygu yn y pen draw, felly defnyddia bensil a'i drin fel copi bras.

1. Dechreua gyda ti dy hun gan weithio am i fyny ac am allan.

2. Siarada ag aelodau o'r teulu a gofynna am eu help nhw i lenwi'r darnau dwyt ti ddim yn eu gwybod.

Mae sawl ffordd o ymdrin â chart achau. Mae pob teulu'n wahanol ac mae ein rhesymau dros fod eisiau creu'r goeden achau yn y lle cyntaf yn gallu bod yn wahanol iawn hefyd.

- Efallai fod gyda ti fwy nag un coeden achau – er enghraifft teulu genedigol, teulu mabwysiedig, teulu gofal neu deulu maeth.

- Efallai y byddi di eisiau canolbwyntio ar fapio tair cenhedlaeth.

- Efallai y byddi di eisiau teithio'n ôl drwy hanes cyn belled ag y galli di ar hyd un llinach benodol.

- Efallai y byddi di eisiau dod o hyd i ffordd o fapio llysdeulu neu deulu cymysg.

- Gallet ti ddefnyddio coeden achau i ddeall sefyllfa deuluol gymhleth yn well.

- Efallai y byddi di eisiau creu darn o gelf sy'n ymgorffori ffotograffau neu luniau o bobl.

- Efallai y byddi di eisiau gadael lle ar gyfer bywgraffiad byr o dan bob person.

- Weithiau, gall olrhain dy goeden achau fod yn anghyfforddus i ti neu i aelodau dy deulu, felly ceisia fod yn sensitif bob amser a thrafod pethau'n ofalus.

- Mae'n bosib defnyddio symbolau mewn coeden achau fel ffurfiau cryno. Mae enghreifftiau yn y goeden achau ar dudalen 131, neu efallai y byddet ti'n hoffi creu dy symbolau dy hun.

## prosiectau hanes teuluol eraill difyr:

- Her tynnu llun i ail-greu hynafiaid. Wyt ti'n gallu ail-greu llun teuluol o flynyddoedd lawer yn ôl?

- Creu hoff rysáit teuluol neu hyd yn oed lyfr.

- Cyfweld perthynas am gyfnod mewn hanes.

- Tynnu lluniau o drysorau teuluol, holi am eu hanes a sut roedden nhw'n cael eu defnyddio, a'u troi'n llyfryn digidol.

- Gwneud ffilm am un aelod o dy deulu, am ddigwyddiad teuluol neu hyd yn oed dy fywyd bob dydd.

## bod yn hapus, bod yn ti dy hun ...

... drwy greu coeden achau, meddylia am wytnwch dy deulu neu dy hynafiaid, a dathla hanes dy deulu drwy brosiect creadigol.

# 28 Brodyr a chwiorydd

> Daethom ni i'r byd fel brawd a brawd,
> a cherddwn law yn llaw yn awr,
> nid un o flaen y llall.
>
> **William Shakespeare, dramodydd**

Os wyt ti'n cael amser anodd gyda dy frodyr a chwiorydd a bod yna lawer o wrthdaro rhyngoch chi, mae'n bosib y bydd yn gysur i ti wybod fod gwrthdaro fel arfer yn diflannu gydag amser. Mae'n bosib dy fod ti'n unig blentyn, felly mae pob croeso i ti fynd i'r bennod nesa. Neu, beth am ganolbwyntio ar gefnder neu gyfnither neu ffrind arall i'r teulu sy'n agos iawn atat ti?

Os wyt ti'n hŷn, yn iau, yr un oed, yn un o ddau neu'n un o 22, mae'r berthynas rhwng brodyr a chwiorydd yn bwysig. Pam? Oherwydd mae'n debyg mai dyma un o'r perthnasoedd hiraf fydd gyda ti byth, ac maen nhw'n bobl y byddi di'n rhannu llawer o ddigwyddiadau mawr dy fywyd â nhw.

Er hynny, gall bod ar delerau da â brodyr a chwiorydd fod yn anodd iawn weithiau, am ddau reswm:

1. Mae'n rhaid i ni rannu pethau â nhw, fel sylw, amser a'n heiddo, fwy na thebyg.

2. Dydyn ni ddim yn dewis ein brodyr a'n chwiorydd. Felly, yn wahanol i ffrindiau, os nad ydyn ni'n cytuno â nhw, does dim dianc rhag eu cwmni nhw, o leiaf nes bod un ohonon ni'n gadael cartref.

*Hunllef.*

Na, ddim wir! Mae'n bosib mai dy frodyr a dy chwiorydd fydd dy gefnogwyr gorau, ac mae'n ddigon posib mai nhw fydd dy ffrindiau gorau yn y dyfodol hefyd.

## gair bach gwyddonol

Yn ôl gwaith ymchwil, erbyn cyrraedd 11 oed, bydd plant wedi neilltuo 33 y cant o'u hamser rhydd i'w brodyr a'u chwiorydd – mwy o amser nag y byddan nhw wedi'i dreulio gyda'u ffrindiau, rhieni, athrawon neu hyd yn oed ar eu pennau eu hunain.

Mae gwyddonwyr yn credu mai ein perthynas ni â'n brodyr a'n chwiorydd sydd wir yn ein ffurfio ni – felly mae'n bwysig iawn ymdrechu i gael perthynas dda.

## 7 ffordd dda o yrru 'mlaen gyda dy frodyr a chwiorydd

Ym mhob perthynas, rwyt ti fel arfer yn derbyn yr hyn rwyt ti'n ei roi. Ceisia fod yn frawd neu chwaer anhygoel er mwyn gweld beth sy'n digwydd.

1. Cefnogwch eich gilydd – cer i'w gêm pêl-rwyd a helpa nhw â'u gwaith cartref, eu gwahodd i dy sioe di.

2. Gwnewch bethau hwyliog gyda'ch gilydd – fel chwarae gemau bwrdd a phobi.

3. Dangosa empathi – ceisia ddeall sut mae'n teimlo i fod yn hŷn/iau/wedi dy siomi gan dy ffrind gorau a rho rywfaint o ofal tyner iddyn nhw.

4. Cyfathreba – sonia am beth sy'n digwydd yn dy fywyd di a gofynna beth sy'n digwydd iddyn nhw. Peidiwch â chymryd eich gilydd yn ganiataol nac anwybyddu eich gilydd.

5. Dewch o hyd i dir cyffredin – cwynwch am sanau drewllyd Taid neu gasgliad corachod Mam, y pethau unigryw rydych chi'n eu rhannu.

6. Parchwch eiddo eich gilydd – paid â darllen dyddiadur, gwisgo dillad na defnyddio brwsh dannedd dy frawd neu dy chwaer. Mae parchu eu heiddo nhw'n gyfystyr â'u parchu nhw.

7. Gwerthfawroga'r gwahaniaeth – efallai eich bod chi wedi cael eich magu yr un fath, ac yn rhannu'r un rhieni, ond rydych chi'n hollol unigryw. Gwerthfawroga sut maen nhw'n wahanol i ti. Wedi'r cyfan, beth petai'r ddau ohonoch chi eisiau'r un fisgeden gnau olaf?

Os wyt ti'n cael amser anodd gyda dy frawd neu dy chwaer a bod llawer o wrthdaro, cofia fod hyn yn aml yn pasio.

Felly dal ati. Yn y tymor hir, mae'n debyg mai dyma fydd un o dy berthnasoedd hapusaf a mwyaf cefnogol.

Un gair bach: yn anffodus, mae lleiafrif bach iawn o berthnasoedd brodyr a chwiorydd yn wenwynig ac yn dreisgar. Os felly, dydy hi ddim yn iawn i aros yn y berthynas. Os wyt ti'n poeni bod hyn yn wir, mynna air ag oedolyn y galli di ymddiried ynddo a gofynna am gyngor.

## rhannu atgofion

Gwna dy hun yn gyfforddus a chymer gip ar bentwr o luniau teuluol gan gofio'r holl adegau a'r profiadau hwyliog rwyt ti wedi'u cael gyda dy frodyr a dy chwiorydd dros y blynyddoedd. Dylai hyn dy atgoffa di pa mor bwysig ydyn nhw a faint yn union rydych chi'n ei rannu o ran pobl ac atgofion. Mae eich perthynas chi'n un i'w thrysori.

Efallai y byddi di eisiau eistedd gyda dy frawd neu dy chwaer wrth wneud hyn a dwyn i gof adegau ac atgofion gwerthfawr.

## bod yn hapus, bod yn ti dy hun ...

... drwy werthfawrogi dy berthynas â dy frodyr a dy chwiorydd a'i gwneud hi'n berthynas gystal ag y gall hi fod.

# 29 grym anhygoel gwrando

## Os oedden ni i fod i siarad mwy nag yr ydyn ni'n gwrando, byddai gennym ni ddwy dafod ac un glust.
Mark Twain, awdur

Wyt ti wedi sylwi bod pobl yn aml yn hoffi sŵn eu llais eu hunain? Ydy'r patrwm sgwrs yma'n taro tant?

'Fe brynes i grys gwyn wythnos diwethaf ...'

'Do? Prynais i grys newydd ddoe. Gwelais i Huw yn y siop ...'

'Gwelais i Huw fis diwethaf, roedd e'n dweud bod ganddo fe gath newydd o'r enw ...'

'O, mae cath goch gan fy ffrind gore i. Mae hi mor bert.'

Am sgwrs ddi-werth! Does neb yn gallu gwneud ei bwynt yn llawn, a'r cyfan mae'r ddau eisiau ei wneud yw dweud eu stori eu hunain.

Wyt ti'n gwneud hyn? Os wyt ti, rho gynnig ar ofyn i'r person arall beth sydd ar ei feddwl. Bydd yn gwneud byd o wahaniaeth i'r ddau ohonoch chi ...

- Galli di ddysgu o straeon pobl eraill – mae camu y tu allan i dy swigen fach dy hun yn mynd i ddangos byd cyfoethog, diddorol i ti.

- Mae gwrando ar eraill yn gwneud iddyn nhw ymddiried ynot ti a dy barchu.

- Gall dawelu dadleuon – pan fyddi di'n gadael i bobl wybod dy fod ti wedi clywed sut maen nhw'n teimlo, does dim angen dweud wrthot ti dro ar ôl tro!

- Mae'n dy wneud di'n berson apelgar iawn fel ffrind – mae pobl wrth eu boddau'n cael rhywun yn gwrando arnyn nhw a theimlo ei fod yn eu deall.

Felly os wyt ti eisiau perthnasoedd dyfnach, llai o ddadleuon a byd mwy diddorol, mae angen i ti wrando!

Un o'r ffyrdd mwyaf anhygoel o gael sgwrs wych yw distewi. Ond mae angen i ti ddistewi'n astud. Mae gwrando, yn hytrach na chlywed, yn beth rwyt ti'n ei wneud yn fwriadol h.y. yn beth gweithredol.

# GWRANDO

## gair bach gwyddonol

Mae'r rhan o'n hymennydd ni sy'n gwrando'n reddfol yn gwerthuso ac yn barnu'r hyn rydyn ni'n ei glywed, ac yn datrys problemau. Dydy o ddim yn cyd-fynd â gwrando gweithredol o gwbl. Cred y syniadau diweddaraf ym maes niwrowyddoniaeth wybyddol fod y sgiliau hyn wedi datblygu er mwyn ein helpu ni i fod yn fwy effeithlon. Rydyn ni'n gorfod diystyru'r duedd niwrolegol hon er mwyn bod yn wrandäwr gweithredol, ac felly mae'n rhaid i ni fod yn benderfynol a chanolbwyntio wrth wrando.

## 10 cam i wrando gweithredol

1. Os yw dy sylw'n cael ei dynnu gan rywbeth arall, sylweddola hynny a chanolbwyntia unwaith eto.
2. Paid torri ar draws – mae'n dangos nad oes diddordeb gyda ti.
3. Os wyt ti eisiau mynegi barn, dal dy dafod. Bydd yn chwilfrydig am eu barn nhw yn lle hynny.
4. Os oes rhywbeth yn aneglur, gwna dy orau i osgoi camddehongli neu ddyfalu drwy ofyn am eglurhad.
5. Defnyddia giwiau gweledol fel nodio dy ben a gwenu i ddangos dy fod yn gwrando.
6. Defnyddia synau heb eiriau i ddynodi dy fod yn gwrando ac i ysgogi.
7. Crynhoa'r hyn rwyt ti wedi'i glywed i ddangos i'r siaradwr dy fod wedi deall.
8. Gofynna gwestiynau agored fel 'Sut oedd hynny'n teimlo?' neu ddweud, … 'Dwed fwy' i'w hannog i siarad.

**9** Sylwa ar iaith eu corff – mae'n siarad â ti, ac mae'n aml yn dweud mwy na geiriau!

**10** Gwranda dim ond er mwyn deall, nid i feirniadu na pherswadio.

## gwrando hapus

Ffordd dda o ddechrau bod yn wrandäwr gwell yw trefnu sefyllfaoedd sy'n annog pobl i siarad. Dros yr wythnos nesaf, unwaith y dydd, rho gynnig ar ddechrau sgyrsiau cadarnhaol sy'n canolbwyntio'n llwyr ar rywun arall. Yn syml, dy rôl di yw bod yn wrandäwr da.

Dechreua drwy ofyn cwestiynau sy'n gwneud iddo deimlo'n frwdfrydig ac yn llawn egni e.e. 'Beth wnest di dros y penwythnos?' neu 'Ble rwyt ti'n mynd ar wyliau?' Gwranda'n astud ar eu hymatebion a'u hannog i ddweud mwy drwy gymell a thrwy iaith y corff.

Mae gwrando'n weithredol ar straeon da pobl yr un mor werthfawr â gwrando ar eu straeon trist, ac mae'n gwneud i bobl eraill deimlo'n wironeddol wych.

Sut deimlad oedd bod yn wrandäwr gweithredol? Oedd hi'n dod yn haws i ti? Fyddi di'n dal ati i wneud hyn?

## bod yn hapus, bod yn ti dy hun ...

... drwy gadw dy glustiau a dy galon yn agored.

byd hapus :)

## ti a'r byd

Mae'r bennod hon yn canolbwyntio ar berthynas sydd â'r grym i dy wneud di, eraill a'r byd yn hapusach o lawer. Mae'n gallu dy helpu i edrych ar dy le yn y byd, a'i lenwi â rhyfeddod a syfrdan.

Pan fyddwn ni'n meddwl am newid y byd, mae'n hawdd teimlo'n ofnus ond mae gyda ni enghreifftiau gwych o sut i wneud hynny, a pha mor syml y gall fod.

Gallwn ni wastad wneud rhywbeth i wneud gwahaniaeth.

Ac mae digon o bobl ifanc yn eu harddegau wedi troi gweithredoedd syml iawn yn newid.

Mae gyda ti fwy o ddylanwad nag wyt ti'n ei feddwl. Bydd newidiadau rwyt ti'n eu gwneud, waeth pa mor fach, yn creu tonnau mân o newid.

Mae un weithred fach yn gallu achosi cadwyn gyfan o ddigwyddiadau ...

## ffyrdd i newid y byd

Mae sawl ffordd o newid y byd, ac maen nhw'n gweddu i fathau gwahanol o bobl. Pa rai sy'n apelio fwyaf atat ti?

- Rhoi amser, arian neu syniadau creadigol i elusen.
- Gwirfoddoli neu fynd at eraill i wella rhywbeth.
- Cadw golwg ar y nerth a'r dylanwad sydd gan lywodraethau a sefydliadau (fel dy ysgol). Edrycha ar ffyrdd o sicrhau bod systemau mor deg â phosib i bob grŵp mewn cymdeithas a bod gan bawb lais.
- Codi ar dy draed a phrotestio o blaid mater rwyt ti'n teimlo'n gryf amdano. Mynd ar orymdaith brotest. Ysgrifennu at dy Aelod o'r Senedd neu at dy Aelod Seneddol.
- Newid rhywbeth rwyt ti'n ei wneud ac annog eraill i wneud yr un peth.
- Bod yn ddinesydd byd-eang. Gwirfoddoli, profi a dysgu am y byd. Datblygu agweddau a syniadau newydd i hwyluso newid.
- Bod yn unigolyn sy'n arwain o'r blaen ac yn trefnu eraill.

Wyt ti'n gallu meddwl am ragor?

Mae yna gymaint o ffyrdd o wneud y byd yn hapusach. Dyma rai gweithgareddau i dy helpu di i archwilio sut galli di gyfrannu at fyd gwell.

# 30 gwlad arwyr tra mad

> Dwi'n credu mai arwr yw unrhyw berson sydd wir yn benderfynol o wneud hwn yn lle gwell i bawb.
> **Maya Angelou, awdur ac ymgyrchydd**

*Beth sy'n gwneud arwr?*

Mae ymchwil yn awgrymu bod yr wyth ansoddair canlynol yn disgrifio arwyr: craff, cryf, gwydn, anhunanol, gofalgar, carismatig, dibynadwy, ac â'r gallu i ysbrydoli.

*Beth yw dy farn di?*

Rhaid i arwyr greu ymateb emosiynol hefyd, a dyna pam mae arwyr gwahanol yn ysbrydoli pobl wahanol.

## gair bach gwyddonol

Gall pob un ohonon ni fod yn arwyr.

Mae'r seicolegydd Frank Farley yn esbonio bod dau fath o arwriaeth. Mae Arwriaeth ag A fawr yn ymwneud â risg sylweddol, fel cael niwed, mynd i'r carchar neu hyd yn oed farwolaeth. Mae arwriaeth ag a fach yn cynnwys pethau y mae llawer ohonon ni'n eu gwneud bob dydd, pethau sydd ddim yn ymwneud â risg bersonol; helpu rhywun, bod yn garedig a chodi llais dros gyfiawnder. Rydyn ni i gyd yn gallu gwneud gwahaniaeth mawr.

## dod o hyd i dy arwr

Gwnaeth Greta Thunberg safiad ynglŷn â newid hinsawdd pan oedd hi'n 15 oed, ac arweiniodd hynny ati'n annerch Cynhadledd Newid Hinsawdd y Cenhedloedd Unedig ac arweinwyr Ewropeaidd.

Mae Jack Monroe wedi ymgyrchu yn erbyn newyn a thlodi bwyd ac wedi creu ryseitiau anhygoel ac eithafol o rad ar ei blog ac mewn llyfrau coginio.

Daeth Lily Rice o Ddinbych-y-pysgod yn Arwr Arddegau Radio 1 pan oedd hi'n 13 oed. Y gred yw mai hi yw'r ferch Ewropeaidd gyntaf i wneud *backflip* mewn cadair olwyn, ac mae hi'n helpu pobl ifanc eraill i gymryd rhan mewn *motocross* cadair olwyn.

Malala Yousafzai oedd y person ieuengaf i gael Gwobr Heddwch Nobel ar ôl ysgrifennu am fudiad gwleidyddol y Taliban ym Mhacistan yn gwrthod gadael i ferched fynd i'r ysgol. Cafodd ei saethu gan aelodau o'r Taliban, ond chafodd hi mo'i lladd. Bu cymaint o bobl yn protestio ac yn arwyddo deisebau, cyflwynodd llywodraeth Pacistan fesur newydd i newid addysg yn y wlad.

Treulia ychydig o amser yn ymchwilio i arwyr ac arwresau sy'n dy ysbrydoli. Pwy sydd wedi codi llais dros achos neu fater sy'n bwysig i ti, sydd wedi helpu eraill neu newid rhywbeth er gwell?

Chwilia am y cysylltiad emosiynol hwnnw, efallai fod yr achos maen nhw'n ei gefnogi yn taro tant gyda ti, efallai fod eu geiriau'n dy ysgogi di i weithredu, efallai fod gyda ti sgiliau neu ddiddordebau tebyg?

Casgla luniau o dy arwr (neu arwyr), dyfyniadau, ystadegau a ffeithiau.

Beth am greu *collage*, gan ddefnyddio'r pethau rwyt ti wedi dod o hyd iddyn nhw.

Dangosa dy waith yn rhywle lle bydd yn parhau i dy ysbrydoli.

 Beth wyt ti wedi'i wneud yn ddiweddar sy'n arwrol? Beth fyddet ti'n hoffi ei wneud nesaf?

# bod yn ymgyrchydd

Mae llawer o arwyr yn ymgyrchwyr, pobl sy'n ymgyrchu dros newid yn y byd. Dyma rai ffyrdd o ymarfer dy gyhyrau ymgyrchol arwrol:

- Arwyddo deiseb neu greu un.
- Ysgrifennu neges ar y cyfryngau cymdeithasol neu ar gyfer cylchgrawn dy ysgol, neu ysgrifennu llythyr i gylchgrawn.
- Ysgrifennu at dy Aelod o'r Senedd neu dy Aelod Seneddol – chwilia ar-lein am enw a chyfeiriad e-bost dy aelodau lleol, neu mae llawer yn defnyddio'r cyfryngau cymdeithasol bellach. Cofia fod yn gwrtais ac yn ffeithiol bob amser, hyd yn oed os nad yw pobl eraill!
- Gofyn i eraill am help.
- Ymuno â grŵp neu elusen.
- Gwisgo bathodyn – ysgogi pobl i ddechrau trafod dy achos.
- Ymuno mewn protest heddychlon.

## paid byth â thanbrisio dy ddylanwad

Dydyn ni ddim bob amser yn sylweddoli faint rydyn ni'n dylanwadu ar bobl eraill. Ond beth os bydd rhywbeth rwyt ti'n ei wneud yn ysbrydoli un person i wneud mwy? Ac os ydyn nhw'n dylanwadu ar un person, a rheiny wedyn yn dylanwadu ar rywun arall ... buan iawn y bydd yn lluosi ac yn lledaenu!

Mae'n hawdd teimlo'n orbryderus, wedi dy lethu ac yn ansicr ble i ddechrau. Rydyn ni'n gallu teimlo'n ddi-rym pan fyddwn ni'n darllen newyddion drwg am achos sy'n agos iawn at ein calon. Gall newid hinsawdd, er enghraifft, wneud i bobl deimlo nifer o wahanol emosiynau, gan gynnwys ofn, dicter, teimladau o ddiffyg grym neu ludded.

Mae gwneud rhywbeth bob amser yn mynd i wneud i ti deimlo'n well na gwneud dim byd.

Dechreua gyda cham bach. Y gyfrinach yw cydnabod nad wyt ti'n gallu newid popeth. Dewisa un achos, gan ddechrau drwy roi dy lais a dy egni i'w gefnogi.

Paid â cheisio bod yn berffeithydd, anela at gynnydd yn lle hynny. Felly, os wyt ti'n ceisio lleihau plastig ac yn prynu potel blastig ar ryw adeg, paid â chosbi dy hun a rhoi'r ffidil yn y to!

Paid â cheisio gwneud y cyfan ar dy ben dy hun chwaith. Ymuna â grŵp, amgylchyna dy hun â phobl o'r un anian a beth am drio denu pobl eraill i helpu.

## bod yn hapus, bod yn ti dy hun ...

... drwy chwilio am yr arwyr a'r arwresau sydd wir yn dy ysbrydoli, a bod yn ymgyrchydd dy hun!

# 31 eiliadau syfrdanol

> Mae pawb yn sôn am yr un peth, boed yn bobl grefyddol, pobl ysbrydol Oes Newydd, Bwdhyddion neu wyddonwyr. Rydyn ni i gyd yn sôn am ymdeimlad o syfrdandod a rhyfeddod at rywbeth sy'n fwy na ni ein hunain.
>
> Michael Shermer, awdur

Meddylia am dy blentyndod. Pa fath o bethau oedd yn gwneud i dy lygaid agor mor fawr â soseri, i dy ên ollwng a'r gair 'waw!' lamu allan o dy geg? Efallai nad oedd yn ddim byd mwy na lolipop yr un maint â dy ben di, gweld anifail am y tro cyntaf, anrheg, cyfarfod ag arwr neu arwres, neu'r tro cyntaf i ti weld y sêr yn yr awyr.

Mae plant yn naturiol yn profi 'rhyfeddod plentyn'. Wrth i ni dyfu i fyny, mae angen i ni atgoffa ein hunain weithiau i gadw'r ymdeimlad hwn o ryfeddod yn ein bywydau, er mwyn parhau i brofi eiliadau syfrdanol.

Os wyt ti am newid y byd, mae angen i ti gamu y tu allan i ti dy hun, a herio dy hun i wir gredu mewn pethau mwy fyth. Fel eiliadau syfrdanol ...

## gair bach gwyddonol

Gwyddonydd ym Mhrifysgol California, Berkeley, yw Dacher Keltner, ac mae wedi treulio llawer o'i yrfa'n ceisio deall yr ymdeimlad o syfrdandod a'i effeithiau. Disgrifia syfrdandod fel, 'y teimlad rydyn ni'n ei gael ym mhresenoldeb rhywbeth enfawr sy'n herio ein dealltwriaeth o'r byd.'

Mae syfrdandod yn enfawr ac yn dy sbarduno di i deimlo'n fach, ond nid mewn ffordd sy'n gwneud i ti deimlo'n ddibwys. Mae syfrdandod yn creu ymdeimlad o rywbeth llawer mwy na ti dy hun.

Gall esbonio'r teimlad yna o syfrdandod fod yn anodd, ond pan wyt ti'n profi eiliad syfrdanol, mae fel rhyfeddod plentyn pur, yn rhydd o emosiynau negyddol fel amheuaeth, ofn neu genfigen. Mae'n teimlo mor dda!

Pryd wyt ti wedi cael dy syfrdanu gan rywbeth?

Gall syfrdandod yn gwneud i ni deimlo'n hapus, yn heddychlon, yn egnïol, yn llawn cyffro, wedi'n hysbrydoli, yn dawel. Mae'n atal ein meddwl rhag crwydro ac yn gwneud i ni deimlo'n bresennol yn yr ennyd.

Mae mor bwysig gwneud lle i rywfaint o syfrdandod yn dy fywyd.

## gweithgareddau syfrdanol

- Ar noson serog, gwisga'n gynnes, cydia mewn blanced a mynd allan i syllu ar y sêr. Gall cwmni ffrind a siocled poeth dy helpu i brofi'r eiliad syfrdanol berffaith.

- Mynd allan i edrych ar yr awyr. Gorwedda i lawr os yn bosib, a threulio peth amser yn chwilio am siapiau yn y cymylau. Cafodd J. K. Rowling y syniad ar gyfer Harry Potter wrth syllu allan o ffenest trên, felly paid ag ofni hel meddyliau, dwyt ti byth yn gwybod beth ddaw ohonyn nhw.

- Cynllunia daith i weld golygfa anhygoel. Does dim angen i ti fynd yn bell. Gallai fod yn olygfa o dy dref neu ardal enedigol o ben bryn neu adeilad uchel.

- Mynd i oriel gelf. Ceisia ymlacio a gadael i'r meddwl dy ddenu di at y gweithiau celf sy'n sbarduno syfrdandod ynot ti.

- Beth am wneud gwaith ymchwil, darllen neu wylio fideos am bobl sydd wedi gwneud pethau syfrdanol. Mae sgyrsiau TED bob amser yn lle hynod ddiddorol i ddechrau.

- Am syfrdandod uniongyrchol, gwylia fideo am rywle anhygoel. Mae gweld y ddaear o'r gofod bob amser yn brofiad anhygoel. Neu beth am y llefydd yma?

- Parc Cenedlaethol Yosemite, California, UDA
- Zanzibar, Cefnfor India
- Serengeti, Tanzania
- Sarn y Cawr, Gogledd Iwerddon
- Ogofâu Pryfed Tân Waitomo, Seland Newydd
- Fairy Pools, Yr Alban
- Aurora Borealis, Gwlad yr Iâ
- Parc Taleithiol Dinosaur, Canada

✏️ Ysgrifenna am eiliad syfrdanol rwyt ti wedi'i phrofi.

Canfu ymchwilwyr o Brifysgol Stanford fod pobl a ysgrifennodd am eiliad syfrdanol yn sôn am deimladau cryfach o syfrdandod, eu bod yn teimlo llai o bwysau amser a'u bod yn fwy parod i roi o'u hamser i elusen.

Mae bod yn syfrdan yn ein cysylltu â'r byd rydyn ni'n byw ynddo. Mae'n gwneud i ni deimlo'n llai ac yn fwy ar yr un pryd ac yn rhoi ymdeimlad dwys o ryfeddod at y byd. Pwy a ŵyr i ble bydd hyn ein harwain ni?

Crwydra a bydd yn syfrdan!

## Does dim un olygfa sy'n ysgogi mwy o syfrdandod nac awyr y nos
**Llewelyn Powys, awdur**

**bod yn hapus, bod yn ti dy hun ...**

... drwy chwilio am eiliadau syfrdanol bob amser, ac ysgrifennu am brofiadau anhygoel yn dy fywyd.

# 32 gwerthfawrogi a dathlu amrywiaeth

Dydy amrywiaeth ddim yn ymwneud â'r gwahaniaethau rhyngon ni. Mae amrywiaeth yn ymwneud â chofleidio nodweddion unigrwydd ein gilydd.

**Ola Joseph, siaradwr ac awdur**

## beth yw amrywiaeth?

Mae amrywiaeth – *diversity* – yn ymwneud ag ystyried gwahaniaethau rhwng unigolion a grwpiau o bobl, a rhoi gwerth cadarnhaol ar y gwahaniaethau hynny.

Gall treulio amser gyda phobl sy'n rhannu ein lleoliad a'n cefndir, diwylliant, cyfeiriadedd rhywiol, galluoedd ac efallai hyd yn oed ein ffydd deimlo'n ddiogel. Mae bod yng nghwmni'n cyfoedion hefyd yn gallu bod yn haws na bod gyda phobl o oedran gwahanol.

## gair bach gwyddonol

Golyga cadw at bethau diogel a chyfforddus, pethau nad ydyn nhw'n heriol, ein bod ni'n aml yn colli allan ar bethau bywiog, diddorol a chyffrous. Amrywiaeth mewn bywyd sy'n gwneud iddo befrio a disgleirio. Gall gwerthfawrogi a dathlu'r amrywiaeth hwnnw fod yn un o'n ffynonellau mwyaf o lawenydd.

Mae ymchwilwyr wedi darganfod dro ar ôl tro bod grwpiau sy'n dangos amrywiaeth yn perfformio'n well nag eraill – p'un ai wrth ddatrys dirgelwch llofruddiaeth neu brynu stoc a chyfranddaliadau gwerthfawr! Y rheswm yw bod amrywiaeth yn cyflwyno gwerth i unrhyw dîm, gan gynnig safbwyntiau gwahanol a syniadau newydd yn ei sgil.

Gall byw mewn 'siambr atsain' lle mae pawb yn dweud yr un pethau, ac yn cytuno â ti wneud i ti deimlo'n dda, ond dydy hynny'n gwneud dim byd i dy helpu di i ddatblygu na thyfu.

A dweud y gwir, rydyn ni i gyd yn unigryw ac yn wahanol. Amrywiaeth yw'r un peth go iawn sy'n gyffredin i ni i gyd.

## dod yn ddinesydd y byd

> Rydyn ni'n llawer mwy unedig ac mae gyda ni lawer mwy yn gyffredin nag sydd gyda ni o bethau sy'n ein gwahanu.
> Jo Cox, AS

Os wyt ti'n profi ac yn dathlu amrywiaeth yn dy fywyd bob dydd, byddi di mewn cysylltiad rheolaidd â phobl, diwylliannau, traddodiadau ac arferion sydd wir yn agor dy lygaid i fyd ehangach a mwy lliwgar. Bydd hyn yn dy helpu i ddatblygu empathi a chydymdeimlad, i fod yn gryfach wrth wynebu gwahaniaethu ac yn well dinesydd o'r byd. Byddi di'n gweld bod gan bobl fwy yn gyffredin nag y meddyliaist erioed, a bod safbwyntiau newydd yn hynod ddiddorol yn hytrach na brawychus. Mae cofleidio a dathlu diwylliannau eraill drwy fwyd, gwyliau, dillad, cerddoriaeth a llenyddiaeth, yn hwyl, yn agoriad llygad ac yn brofiad sy'n cyfoethogi. Ond mae dod i adnabod yr unigolyn yn parhau'n rhan allweddol o werthfawrogi amrywiaeth.

Mae pobl mor unigryw ag afalau.

## y prosiect afalau

Ar gyfer y gweithgaredd hwn, bydd angen llond bag o afalau arnat ti a meddwl agored!

Dewisa un afal o'r bag. Ar y dechrau, efallai dy fod ti'n meddwl bod hyn braidd yn od. Wedi'r cyfan, mae pob afal yr un fath.

(Nac ydyn.)

Nawr, edrycha'n ofalus ar yr afal.

Rho enw iddo.

Treulia ychydig funudau'n ei droi yn dy law, yn teimlo'i siâp, yn edrych ar ei liw, a sylwi ar unrhyw lympiau neu greithiau.

Rho'r afal yn dy boced a'i gario gyda ti am ychydig oriau, gan ei dynnu allan i edrych arno bob hyn a hyn.

Gwna ychydig o waith ymchwil ar wlad neu ranbarth gwreiddiol yr afal. Braslunia'r afal. Ysgrifenna restr o'r holl bethau mae'n bosib eu gwneud ag afal, fel chwarae twco afalau neu wneud sudd.

Mae hyn mor ddiddorol ac anhygoel – yr afal roeddet ti'n meddwl oedd fel pob afal arall!

Nawr, cno'r afal a blasu'r cyfan sydd ganddo i'w gynnig. Tynna'r hadau o'r afal a'u plannu mewn potyn bach o bridd fel eu bod yn gallu tyfu'n goeden unigryw a chynhyrchiol.

Rho ddiolch i galon yr afal wrth i ti ei adael allan i'r adar.

Pa mor ddiddorol oedd y profiad o ddod i adnabod dy afal, ei hynodrwydd a'i nodweddion a'r holl werth sy'n dod yn ei sgil?

Mae'n hawdd iawn taflu pobl (fel afalau) gyda'i gilydd i'r un fasged. Drwy dreulio amser yn adnabod a gwerthfawrogi'r unigolyn, byddi di'n sylweddoli mor werthfawr ac unigryw y maen nhw, a chymaint sy'n werth dathlu amdanyn nhw.

## bod yn hapus, bod yn ti dy hun ...

... drwy ddod i adnabod afal anghyfarwydd bob tro.

# 33 gweithgareddau gwyllt ar hap

**Sylla'n ddwfn i fyd natur ac wedyn byddi di'n deall popeth yn well.**
Albert Einstein, ffisegydd damcaniaethol

Mae natur yn ein gwneud ni'n hapusach ac yn iachach, yn gorfforol ac yn feddyliol. Gall ostwng pwysau gwaed, helpu i leihau gorbryder, gwella ffocws ac chlirio blinder meddyliol.

Mae natur yn cael effaith enfawr ar ein lles ac yn gyfnewid am hynny, mae angen i ni ofalu am les natur.
Ceisia feithrin dy berthynas â natur gydag ambell weithred wyllt ar hap.

## gair bach gwyddonol

Mae'r Ymddiriedolaethau Bywyd Gwyllt yn gosod her flynyddol '30 Diwrnod Gwyllt' ym mis Mehefin bob blwyddyn. Eu nod yw helpu pobl i ymwneud mwy â byd natur. Ymchwiliodd Prifysgol Derby i effaith yr her ac roedd y canlyniadau'n hynod ddiddorol.

Yn ôl gwaith ymchwil y Brifysgol, pan oedd pobl yn ymgymryd â'r her gweithgareddau gwyllt ar hap, roedd gwelliant sylweddol yn eu hiechyd, eu hapusrwydd a'u cysylltiad â byd natur, a hynny'n ystod y gweithgaredd ac am fisoedd wedyn. Roedden nhw hefyd yn dal ati i gysylltu â byd natur.

Ond does dim angen i ti *wybod* llawer am fyd natur i'w werthfawrogi. Mae ymchwil yn dangos y gall gweithgareddau creadigol ym myd natur gael mwy o effaith ar les na gwybodaeth neu weithgareddau gwyddonol. Er bod pob un yn ffyrdd gwych o helpu byd natur.

Mae gweithgareddau gwyllt ar hap yn weithgareddau syml sy'n dy daflu di i werthfawrogi byd natur, ymgysylltu â natur, ei deimlo a'i synhwyro.

## gweithgareddau gwyllt ar hap

Gallai dy weithgaredd gwyllt ar hap gymryd munud neu ychydig oriau, yn dibynnu ar faint o amser sydd gyda ti. Ond bydd pob un yn dy newid di ac, ymhen amser, yn newid y byd hefyd.

1. Arogla fyd natur. Rhwbia berlysiau rhwng dy fysedd, arogla flodyn. Sut mae'n gwneud i ti deimlo? Gall lafant esgor ar deimlad o lonyddwch, ac mae rhosmari'n gwneud i ni ganolbwyntio'n well.

2. Dydy rhywbeth ar gyfer plant yn unig yw byrddau natur. Trefna bethau rwyt ti wedi dod o hyd iddyn nhw a'u harddangos mewn ffordd artistig. Plu mewn jar, moch coed mewn basged, broc môr ar silff ffenest, esgyrn anifeiliaid bach, pennau hadau mewn pot blodau, cregyn ar silff ...

3. Beth am ymarfer dy sgiliau ffotograffiaeth? Mae tirweddau a phlanhigion yn lle gwych i ddechrau, gan nad ydyn nhw'n rhedeg i ffwrdd. Rhanna dy luniau natur ar y cyfryngau cymdeithasol a phwy a ŵyr, efallai y byddi di'n dylanwadu ar eraill i roi cynnig ar weithgareddau gwyllt ar hap eu hunain.

4. Cliria hen lecyn angof. Beth am i ti a dy ffrindiau fynd ati i glirio'r sbwriel o barc, traeth neu lecyn trefol?

5. Achuba fywyd. Mae gwenyn blinedig yn gwerthfawrogi llond llwy de o ddŵr a siwgr i adfer eu hegni.

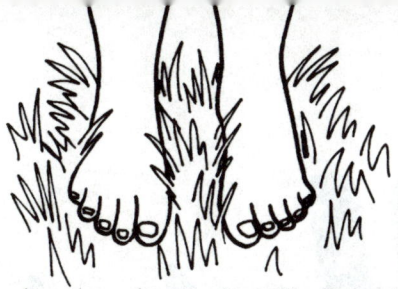

**6** Cerdda'n droednoeth ar y glaswellt. Does dim byd tebyg i deimlo glaswellt yng ngwlith y bore yn cosi bysedd dy draed i wneud i ti deimlo'n fyw, ac i godi gwên hefyd.

**7** Cer allan i redeg. Mae bod allan, anadlu'r awyr iach, teimlo dy draed yn curo ar y ddaear wrth i dy feddwl dawelu a dy gorff symud, yn rhoi teimlad o ryddhad.

**8** Gofynna i ffrind fynd am dro gyda ti. Gall gynnig lle ac ysbrydoliaeth i ddatblygu cyfeillgarwch mewn awyrgylch mwy rhydd.

**9** Llunia gartref neu declyn i ddal bwyd i anifeiliaid yn dy ardd.

**10** Mae'n bosib y byddi di hefyd eisiau rhoi cynnig ar dreulio amser mewn coedwig neu barc i leihau straen a rhoi hwb i dy les. Mae rhai'n galw hyn yn 'ymdrochi mewn coedwig'.

Tynna lun neu disgrifia brofiad o fyd natur neu rywbeth rwyt ti wedi dod o hyd iddo. Ceisia ddefnyddio pob un o dy synhwyrau.

## bod yn hapus, bod yn ti dy hun ...

... drwy gyflawni gweithgaredd gwyllt ar hap yn ddyddiol neu'n wythnosol.

# 34 ysbrydolrwydd

> Mae'n rhaid i ti dyfu o'r tu mewn allan. All neb dy ddysgu di, all neb dy wneud din ysbrydol. Does dim athro arall heblaw am dy enaid dy hun.
> **Swami Vivekananda, mynach Hindŵaidd**

Ysbrydolrwydd yw'r ymdrech i chwilio am ystyr mewn bywyd. Er mwyn teimlo perthynas, heddwch, syfrdandod, bodlonrwydd, diolchgarwch a derbyniad.

Mae'n ymwneud â meddwl am yr hyn sy'n ein cymell ar y lefel fwyaf dwys.

Tardda ein hysbrydolrwydd yn aml o ymdeimlad o gysylltiad â rhywbeth mwy na ni ein hunain, boed yn gelf, natur, gwyddoniaeth, crefydd, diwylliant neu, fel sy'n fwy tebygol, cyfuniad o syniadau. Gall archwilio ein hysbrydolrwydd ni a phobl eraill ein helpu i ddod o hyd i le gwir a defnyddiol yn y byd.

Golyga ysbrydolrwydd bethau gwahanol i bobl wahanol, ond mae chwilio am ystyr a phwrpas mewn bywyd yn brofiad dynol cyffredinol.

## gair bach gwyddonol

Oeddet ti'n gwybod bod pobl ifanc yn eu harddegau'n ailfodelu eu hymennydd?

Esbonia'r niwroseiciatrydd Daniel Siegel sut mae'r ymennydd yn sugno gwybodaeth fel sbwng nes dy fod ti'n 11 neu 12 oed, ond wedyn mae'n dechrau 'tocio' yr holl syniadau hyn ac yn creu sylwedd o'r enw myelin, sy'n dy helpu i weithio 3,000 gwaith yn fwy effeithlon.

Newidia ymennydd person ifanc yn ei arddegau hyd yn oed i ostwng lefelau dopamin, y cemegyn hollbwysig sy'n gwneud i ti deimlo dy fod ti'n cael dy wobrwyo. Mae'r ymennydd yn mynd allan o'i ffordd i dy herio di i chwilio am bethau newydd i sbarduno'r dopamin hanfodol hwnnw. Rwyt ti'n gweithio'n galetach nag erioed!

Mae'r arddegau'n gyfnod anhygoel, pan fyddi di'n cael gwared ar syniadau ac yn brysur yn trio penderfynu beth mae bywyd yn ei olygu i ti.

## dy barc antur ysbrydol

Awgryma'r seiciatrydd Larry Culliford dy fod ti'n meddwl am dy ysbrydolrwydd drwy greu dy barc antur ysbrydol dychmygol dy hun. Gall fod yn barc thema neu'n safle gŵyl. Lle i ti, lle i ddysgu a chael hwyl ynddo. Ti sy'n penderfynu beth sydd ynddo.

Ti sy'n creu dy syniadau dy hun am ystyr bywyd, dy gymhelliant, dy ysbrydolrwydd, ac fe gei di fenthyg syniadau o unrhyw le i dy helpu di. Gall byd celf, gwyddoniaeth, natur, crefydd a diwylliant gynnig syniadau gwych, ond dydy dy ysbrydolrwydd ddim ynghlwm wrth un maes yn unig. Does dim rhaid i ti gadw at ddim ond un ohonyn nhw.

Treulia ychydig o amser yn synfyfyrio, gan ddelweddu dy ysbrydolrwydd fel gŵyl, parc thema neu barc antur ...

Mentra y tu hwnt i'r cyffredin am ychydig, y pethau rwyt ti'n eu gwneud yn dy fywyd bob dydd. Mae dy barc yn gyfle i greu rhywbeth rhyfeddol. Paid â bod ofn, mentra, ceisia beidio â dweud na wrth syniadau.

Beth fyddet ti'n ei roi ynddo i gynrychioli'r hyn sy'n wironeddol bwysig i ti yn dy fywyd ar hyn o bryd? Beth fyddet ti'n ei ychwanegu y mae gyda ti awydd ei archwilio'n fanylach?

Defnyddia bob un o dy synhwyrau: gweld, clywed, arogli, blasu, cyffwrdd.

Efallai fod cae mawr yn llawn blodau gwyllt yno, neu adeiladau crefyddol? Beth wyt ti'n ei weld?

Gwers ioga neu gêm bêl-droed yn digwydd mewn llannerch yn y coed efallai, neu lyn i nofio ynddo, cerddoriaeth yn chwarae, pobl yn dawnsio neu'n canu gyda'i gilydd. Beth wyt ti'n ei glywed?

Efallai fod bwyd penodol sy'n golygu rhywbeth i ti? Bwyd o dy hoff ddiwylliannau o bosib. Beth wyt ti'n ei flasu a'i arogli?

A fyddai'r gwahanol ardaloedd yn dilyn thema llefydd sy'n bwysig i ti? Pa fath o bobl fyddet ti'n hoffi iddyn nhw ymuno â ti yn dy fyd ysbrydol? Pwy fydd yn dy ysbrydoli? Pwy alli di helpu? Sut fyddi di'n dangos derbyniad ac amrywiaeth?

Pa fath o eiliadau syfrdanol fyddet ti'n eu cael – awyr glir yn y nos, coed anferth, awyr las, enfys, mynydd, rhaeadr? Pa fath o brofiadau wyt ti'n gallu eu cael yno?

Pa fath o heriau alli di roi cynnig arnyn nhw? Fyddi di'n rhoi cynnig ar rywbeth newydd, a chyflawni'r nodau hynny? Beth wyt ti'n teimlo?

A fydd yna brosiectau hapusrwydd cudd, gweithgareddau gwyllt ar hap?

Oes yna stondinau â gwybodaeth am syniadau neu achosion sy'n agos at ydy galon di? Oes yna rannau o'r parc thema sy'n newid y byd?

Oes yna le i fyfyrio ar ystyr bywyd? Oes yna le i fod yn ddiolchgar? Oes yna heddwch a llonyddwch? Sut mae hynny'n edrych? Beth fyddet ti'n ei gynnwys i ysbrydoli dy hun, a phobl eraill?

Ydy technoleg yn rhan o dy fyd ysbrydol di ai peidio?

 Ysgrifenna ddisgrifiad o dy ysbrydolrwydd fel petai'n barc thema, byd neu ŵyl. Neu beth am dynnu llun o fap tebyg i'r un rwyt ti'n ei gael wrth gyrraedd parc thema?

## bod yn hapus, bod yn ti dy hun ...

... drwy gofio am dy barc thema wrth i ti fynd drwy dy fywyd. Dal ati i ychwanegu ato wrth i ti ddod o hyd i'r pethau hynny sy'n gwneud bywyd yn wirioneddol gyffrous, sy'n dy gymell di, sy'n dy gyffroi di ac sy'n lleddfu dy enaid.

# 35 siopa gyda chydwybod

*Does dim prydferthwch yn y brethyn gorau os yw'n creu newyn ac anhapusrwydd.*
**Mahatma Gandhi, gwleidydd ac arweinydd hawliau sifil**

Gall prynu pethau sydd heb achosi anhapusrwydd i eraill fod yn hynod anodd a heriol i bobl ifanc yn eu harddegau. Gall cadw at gyllideb a thyfu'n gyson wneud ffasiwn cyflym a bwyd cyflym yn ddeniadol.

Fel arfer, mae cynnyrch yn rhad am reswm – oherwydd nad ydyn nhw'n dda i'r blaned, neu eu bod nhw'n cael eu gwneud mewn gwledydd lle mae cyflogau a safonau gofal gweithwyr yn isel. Mae caethwasiaeth fodern yn bodoli. Gall bwyd a'r dull o'i becynnu fod yn niweidiol i'r amgylchedd ac i anifeiliaid a byd natur. Gall fod yn anodd delio â phwysau gan gyfoedion sy'n ymwneud â dy eiddo di. Mae symbolau statws fel dillad neu eiddo'n gallu creu cysylltiad â grwpiau penodol.

Ond gall mân newidiadau wneud gwahaniaeth mawr, ac mae gyda ti fwy o ddylanwad nag wyt ti'n ei feddwl dros arferion prynu pobl eraill. Galli di bwyso ar dy gydwybod wrth benderfynu beth i'w brynu.

Mae ffasiwn cyflym yn cyfeirio at ddillad sy'n cael eu gwneud yn gyflym ac yn rhad, i efelychu steil enwogion a ffasiynau'r tymor, ac maen nhw'n aml yn diflannu o gypyrddau dillad yn gyflym iawn hefyd. Ond mae ffasiwn cyflym yn gwneud drwg i'r amgylchedd. Mae hefyd yn peryglu lles y bobl sy'n ei greu, gan eu bod yn gweithio oriau hir am gyflog isel mewn ffatrïoedd sy'n gallu bod yn beryglus.

Pan ddymchwelodd ffatri ddillad yn Dhaka, Bangladesh, cafodd 1,134 o bobl eu lladd, a channoedd o bobl anafiadau a newidiodd eu bywydau. Cafodd llawer o'r brandiau byd-eang oedd yn rhan o'r diwydiant eu gorfodi i ystyried ble a sut roedd dillad yn cael eu gwneud ar eu cyfer. Golyga'r pwysau cynyddol ar frandiau fod mesurau diogelwch wedi'u gwella mewn rhai ffatrïoedd, ond mae llawer yn parhau'n anniogel. Mae gweithwyr yn cwyno bod brandiau'n gwthio prisiau'n is ac yn is, sy'n golygu bod pobl yn gweithio am gyflog pitw, sy'n gyfystyr â chaethwasiaeth fodern.

## gair bach gwyddonol

Mae baich ffasiwn cyflym ar yr amgylchedd yn un drwm. Mae angen tua 1,800 galwyn o ddŵr i greu un pâr o jîns. Caiff 10,000 eitem o ddillad diangen eu hanfon i safleoedd tirlenwi bob pum munud, sy'n cyfateb i werth £140 miliwn bob blwyddyn.

Dangosodd ymchwil hefyd fod 'ailgylchu cymdeithasol' – rhoi bywyd newydd i hen eitemau drwy eu rhoi nhw i bobl eraill – yn creu hapusrwydd. Mae'r bobl sy'n eu rhoi nhw'n teimlo'n hapus ac mae'r bobl sy'n eu cael nhw'n teimlo'n hapus hefyd. Mae pawb ar eu hennill!

## sut i fod yn ddefnyddiwr ffasiwn ymwybodol

Mae gwneud mân newidiadau i dy arferion siopa dillad yn gwneud gwahaniaeth mawr. Gall fod yn werth chweil hefyd. Mae gwybod sut i ofalu am ddillad, canolbwyntio ar siopa am y dillad rwyt ti wir eu hangen yn unig, dod o hyd i'r bargeinion ail-law gorau ac uwchgylchu i gyd yn sgiliau gwerth chweil.

Dyma rai syniadau:

- Chwilia am ysbrydoliaeth. Yn hytrach na chwilio am swp o ddillad, chwilia am negeseuon a fideos #haulalternative ar y cyfryngau cymdeithasol a fydd yn rhoi cyngor i ti ar sut i wneud y mwyaf o'r dillad yn dy gwpwrdd heb brynu dim byd newydd. Neu hola pwy wnaeth dy ddillad di – #whomademyclothes?

- Cadwa bethau'n syml. Dysga sut i greu cwpwrdd dillad capsiwl. Bydd angen llai o eitemau o ddillad arnat ti oherwydd bod popeth yn gweithio'n dda gyda'i gilydd, a byddi di hefyd yn treulio llai o amser yn poeni am ddillad. Gwych!

- Cynllunia dy siopa. Yn hytrach na mynd allan i siopa, edrycha beth sydd ar goll yn dy gwpwrdd dillad. Meddylia'n ofalus. Y pethau gorau rydyn ni'n eu prynu yw'r pethau sy'n cael eu gwisgo dro ar ôl tro – ceisia gael nod o wisgo dilledyn o leiaf 30 o weithiau.

- Bydda'n wybodus. Edrycha ar addewidion dy hoff frandiau ar eu gwefannau. Efallai y bydd un o'r canlynol ar y label: cyfrifoldeb, cod moesegol, ein moeseg, ôl troed ffasiwn, yr amgylchedd, cynaliadwyedd. Beth maen nhw'n ei wneud i helpu? Oes ganddyn nhw ddewisiadau moesegol neu gynlluniau ailgylchu? Neu ydyn nhw'n 'gwyrddgalchu'?

- Mae cyfnewid dillad yn ffordd wych o ailgylchu, rhoi bywyd newydd i hen bethau a mwynhau holl hwyl cael dilledyn newydd heb orfod ei brynu'n newydd, sy'n defnyddio mwy o adnoddau'r byd. Beth am drefnu dy fod ti a dy ffrindiau'n cwrdd i gyfnewid dillad, llyfrau, gemau neu ategolion?

- Gofala am dy bethau. Dysga sut i gael gwared ar staeniau ac i drwsio dillad. Byddi di'n arbed arian, a galli di gael arian yn ôl drwy werthu dillad wedi iddyn nhw fynd yn rhy fach i ti. Mae gwybod bod dŵr oer a sebon yn cael gwared ar olion gwaed a bod sebon golchi llestri'n cael gwared ar saim yn wybodaeth werthfawr i ti ei rhannu.

- Pryna'n ail-law. Mae gan siopau elusen, arwerthiannau cist car, gwefannau ar-lein neu siopau ail law fargeinion gwych.

- Pryna ddillad o'r ansawdd gorau y gelli eu fforddio. Chwilia am bethau fydd yn para, fel bod mwy o obaith y byddi di'n gallu eu gwerthu pan fyddi di wedi tyfu allan ohonyn nhw.

- Dysga sut i uwchgylchu. Mae gwneud dy ddillad dy hun neu uwchgylchu hen bethau'n ffordd gyffrous o dy fynegi dy hun. Gallai hyd yn oed arwain at yrfa ym myd ffasiwn gynaliadwy.

- Defnyddia ategolion. Buddsodda mewn pethau fydd ddim yn mynd yn rhy fach i ti, pethau a fydd yn helpu unrhyw ddilledyn i greu mwy o argraff: oriawr, cadwyni, gemwaith, hetiau. Chwilia am ategolion masnach deg. Maen nhw'n aml yn rhatach nag y byddet ti'n ei ddisgwyl.

## mathau eraill o siopa ymwybodol

Mae pobl hefyd yn dechrau meddwl yn llawer mwy dwys am fwyd, o ran lles gweithwyr ac anifeiliaid, pecynnu, cludiant ac effaith ein bwyd ar yr amgylchedd. Awgryma ymchwil diweddar mai bwyta llai o gig a llaeth yw un o'r ffyrdd o leihau ein heffaith ar y blaned. Gallai hynny ostwng nid yn unig nwyon tŷ gwydr ond hefyd asideiddio byd-eang, a faint o dir a dŵr sy'n cael eu defnyddio.

Dydy defnyddio llai o blastig erioed wedi bod yn bwysicach. Mae deg biliwn tunnell o blastig yn cyrraedd ein cefnforoedd bob blwyddyn, y gyfran fwyaf yn boteli plastig. Caiff miliwn o boteli plastig eu gwerthu bob munud. Edrycha o gwmpas dy stafell 'molchi i weld pa gynhyrchion sy'n gyfeillgar i'r amgylchedd y gallet ti eu defnyddio – rho gynnig ar siampŵ solet, brwsh dannedd bambŵ a diaroglydd mewn pecyn cardbord.

Mae nifer cynyddol o bobl ifanc yn sylweddoli bod mwy i ddweud na wrth gyffuriau na dim ond diogelu dy hun. Gall masnachu cyffuriau ariannu troseddau eraill fel gynnau, caethwasiaeth fodern, masnachu pobl a therfysgaeth. Mae'r system o gludo cyffuriau gan ddefnyddio pobl ifanc fregus wedi achosi i lefelau trywanu angheuol godi i'w huchaf erioed ers dechrau cadw cofnodion.

## bod yn hapus, bod yn ti dy hun ...

... drwy fod yn gydwybodol pan fyddi di'n siopa. Gallai newid y ffordd rwyt ti'n prynu a gwario'n raddol osgoi i ti gael dy lethu wrth geisio gwneud popeth ar yr un pryd.

# 36 rhestr dymuniadau o brofiadau

Llenwa dy fywyd â phrofiadau, nid pethau. Mynna straeon i'w hadrodd, nid stwff i'w ddangos.
**Anhysbys**

Wyt ti wedi gweld llawr dy stafell wely yn ddiweddar?

Faint o amser wyt ti'n ei dreulio'n cael trefn ar stwff i'w daflu neu i'w roi i ffwrdd?

Oes gyda ti fwy o stwff nag wyt ti ei angen?

Pan mae gyda ti arian ac awydd sbwylio dy hun, wyt ti'n ei wario ar brofiadau neu wyt ti'n ei wario ar stwff?

Gall gormod o stwff gael effaith negyddol ar ein hiechyd meddwl a'n lles.

## gair bach gwyddonol

Mae ymchwilwyr wedi astudio ai gwrthrychau neu brofiadau sy'n dod â'r hapusrwydd mwyaf i ni, a phrofiadau sy'n cario'r dydd bob tro.

Mae profiadau newydd yn gadael i ni addasu, dysgu rhywbeth newydd amdanon ni'n hunain a datblygu ffyrdd newydd o feddwl. Gall amser sy'n cael ei dreulio yn dysgu pethau newydd, yn mwynhau cwmni ffrindiau neu'n darganfod llefydd newydd greu atgofion hapus. Pylu'n gyflymach o lawer wna'r hapusrwydd gawn ni o bethau.

Gallwn ni i gyd newid y byd drwy ddefnyddio llai, ac mae cael mwy o brofiadau yn ffordd wych o wneud hyn.

Mae profiadau hefyd yn fuddiol am eu bod yn dy helpu i ganfod dy bwrpas. Yn ôl ymchwilwyr, y pedwar ffactor cyffredin ymhlith pobl ifanc ag ymdeimlad cryf o bwrpas oedd:

- teithio
- treulio amser ym myd natur
- gwirfoddoli ar brosiect i greu newid cymdeithasol
- arferion myfyriol fel cadw dyddiadur, myfyrio a ioga.

Yn ôl y seicolegydd Rich Walker, a ddadansoddodd 500 dyddiadur â chyfeiriadau at 30,000 atgof o ddigwyddiadau, tuedda'r rhai sy'n cael amrywiaeth ehangach o brofiadau i fod yn well am ddal gafael ar emosiynau cadarnhaol a lleihau'r teimladau negyddol.

Ydy'r syniad o ymuno â thîm pêl-droed/dosbarth dawnsio stryd/côr yn dal i deimlo'n rhy frawychus?

Gall profiadau deimlo'n fwy brawychus ac anoddach i'w darogan na phrynu pethau, ond paid â phoeni. Er bod meistroli sgìl newydd yn gallu achosi cynnydd dros dro yn ein lefelau straen, mae ymchwil wedi dangos bod yr hwb hirdymor i'n hemosiynau cadarnhaol yn drech nag unrhyw straen.

Weithiau, mae'n rhaid i ti roi cynnig ar ambell beth er mwyn canfod dy wir ddiddordebau a dy bwrpas mewn bywyd.

## dy restr dymuniadau o brofiadau

Mae rhai pobl yn llunio rhestr bwced, pethau maen nhw eisiau eu gwneud cyn iddyn nhw 'gicio'r bwced', neu farw. Ond rydyn ni'n canolbwyntio ar hapusrwydd, felly rydyn ni'n ffafrio canolbwyntio ar y cadarnhaol!

 Llunia restr dymuniadau o brofiadau.

Gofynna i ffrindiau a theulu am syniadau ar gyfer dy restr dymuniadau o brofiadau. Ymchwilia i brofiadau i roi cynnig arnyn nhw, i fwynhau gyda ffrindiau, llefydd i fynd iddyn nhw, cyrchfannau teithio, sgiliau i'w dysgu.

Meddylia: beth, lle, pwy, pam, pryd?

Weiren wib, canŵio, rhedeg, dringo bryn, dysgu chwarae pocer, dysgu canu'r piano, helpu anifail, ymweld ag oriel gelf, cael picnic, pobi cacen, tyfu planhigyn chilli, coginio cyri, tynnu lluniau anifail gwyllt, reidio *rollercoaster*, syrffio barcud, rhedeg ras, dysgu canu, rhoi araith, dysgu codio, hwylio, dysgu gwneud dillad, dysgu weldio, gwersylla, gwneud rhywbeth o bren, peintio stafell ...

Noda gymaint o bethau ag y galli di, neu meddylia am un peth ar gyfer pob mis o'r flwyddyn.

Gallet ti greu *collage* o ddelweddau i gynrychioli'r pethau rwyt ti am roi cynnig arnyn nhw. Mae delweddu'n ffordd bwerus dros ben o wireddu pethau sy'n agos at dy galon!

Os wyt ti'n dal i hoffi prynu 'pethau', awgryma ymchwilwyr fuddsoddi mewn eitemau sy'n denu dy synhwyrau ac yn creu profiadau, fel llyfrau, cerddoriaeth, podlediadau a hyd yn oed gemau fideo. Mae ymchwil yn dangos y gall gwrando ar gerddoriaeth hwyliog roi hwb hirhoedlog i'r hwyliau hefyd.

## bod yn hapus, bod yn ti dy hun ...

... drwy ddewis profiadau yn lle stwff.

# 37 cynhwysiant

Cynhwysiant yw cydnabod ein hunoliaeth gyffredinol a'n cyd-ddibyniaeth. Cynhwysiant yw cydnabod ein bod yn un er nad ydyn nir un peth.
Shafik Asante, awdur ac arweinydd cymunedol Americanaidd Affricanaidd

## sefyllfa cynhwysiant

Dros y 100 mlynedd diwethaf, gwelwyd sawl newid er gwell o ran cynhwysiant a hawliau sifil mewn cymdeithas. Yn anffodus, dim ond mewn rhai mannau y mae'r pethau da sy'n cael eu disgrifio isod yn wir, ac yn sicr dydyn nhw ddim yn wir ym mhobman.

Mae gan fenywod yr hawl i bleidleisio ac i weithio, i reoli eu cyrff eu hunain, i briodi menywod eraill ac i gael cyflog teg. Ond ddim ym mhobman a ddim bob amser. Mae menywod yn dal i fod yn destun chwibanu ar y stryd, yn colli cyfle i gael dyrchafiad yn eu swydd oherwydd geni plant ac yn cael eu tangynrychioli mewn sawl maes pwysig, fel llunio polisïau.

Mae gwahaniaethu ar sail hil bellach yn anghyfreithlon ac eto mae pobl ddu yn parhau i gael eu stereoteipio a dydyn nhw ddim yn cael eu cynrychioli'n ddigonol mewn hysbysebion, yn y cyfryngau nac mewn swyddi uwch yn y gweithle. Mae cam-drin hiliol yn dal i ddigwydd, ac mae lliw croen yn dal i effeithio'n negyddol ar sut rwyt ti'n cael dy drin.

Daeth gwahaniaethu ar sail anabledd yn bolisi ymhell ar ôl newidiadau polisi o ran rhywedd a hil, ac mae ffordd bell i fynd o hyd. Mae pobl anabl yn dal i gael eu dysgu ar wahân, yn methu mynd i mewn i rai adeiladau ac yn cael eu heithrio o grwpiau yr hoffen nhw berthyn iddyn nhw oherwydd trafferthion 'mynediad/ cefnogaeth' sy'n dal heb eu datrys. Mae pobl anabl yn dal yn destun jôcs sy'n cael eu darlledu ar deledu prif ffrwd.

Gall pobl hoyw briodi mewn sawl gwlad erbyn hyn, ac mae eu hawl i beidio â gorfod dioddef bwlio homoffobig wedi'u hymgorffori yn y gyfraith. Mae hanes yn parhau i'w hanwybyddu, mae tarfu a cham-drin yn dal i ddigwydd ac mae llawer o bobl hoyw'n gyndyn o gydnabod eu rhywioldeb oherwydd yr ofn o gael eu gwahardd o grwpiau teuluol neu gymdeithasol.

Ble bynnag rwyt ti'n edrych, mae enghreifftiau o bobl yn cael eu heithrio oherwydd rhagfarn, gwahaniaethu ac anwybodaeth.

Mae'r byd yn troi tuag at fod yn fwy cynhwysol, ac mae camau breision wedi digwydd. Ond mae'r cynnydd yn araf, ac i'r rhai sy'n dal i gael eu heithrio, mae'n brofiad sy'n ynysu.

## gair bach gwyddonol

Yn ei lyfr, *A Different Drum: Community Making and Peace*, mae Scott Peck yn disgrifio sut mae grwpiau afiach yn gallu creu ymdeimlad o bwrpas a gwerth iddyn nhw eu hunain drwy ddewis unigolyn fel gelyn cyffredin. Mae hyn wedi digwydd drwy hanes ar raddfa fyd-eang, ac mewn ysgolion ar lefel fwy lleol.

Y peryg yw bod y bobl sy'n cael eu heithrio'n mewnoli'r neges eu bod yn 'ddiwerth,' a gall hynny arwain at ynysu, hunan-niweidio ac iselder.

Dychmyga fethu mynd i'r ysgol gyda dy gyfoedion, pobl yn syllu arnat ti oherwydd dy ddillad, gorfod gwrthod gwahoddiad i barti am nad wyt ti'n gallu mynd i mewn i'r adeilad, neb yn siarad nac yn cymdeithasu â ti yn ystod amser egwyl, dioddef galw enwau oherwydd dy edrychiad neu pa mor glyfar wyt ti.

Mae eithrio'n un o'r pethau tristaf sy'n digwydd yn ein cymdeithas ac mae'n gwbl o fewn ein gallu i'w newid.

Dyma alwad i weithredu.

Galli di wneud cymaint.

## cydnabod dy fraint

Ceisia ddeall bod gyda ti lawer o freintiau, efallai o ran iechyd, cyfoeth, sefyllfa, sy'n gallu gwneud bywyd yn haws i ti. Lwc pur sydd wrth wraidd llawer o'r pethau hyn. Dydy pawb ddim yn cael yr un cyfleoedd, a chydnabod hynny yw'r cam cyntaf tuag at helpu i sicrhau newid.

## bod yn gynhwysol

Mae cynhwysiant yn weithred ac yn gyflwr meddwl.
Dyma ambell syniad i ddechrau arni:

# CYNHWYSIANT

1. Dywed helô wrth blant newydd yn yr ysgol, y rhai does neb wir wedi trafferthu â nhw.

2. Sonia wrth dy grŵp ieuenctid am osod ramp cadair olwyn.

3. Gorymdeithia dros hawliau hoywon ac ymuna mewn digwyddiad Pride.

4. Dysga rywfaint o iaith arwyddo.

5. Gwna'n siŵr eich bod chi'n sefyll mewn hanner cylch pan fyddi di gyda grŵp o ffrindiau, yn hytrach na chylch caeedig, fel bod modd croesawu pawb atoch chi.

6. Bydd yn chwilfrydig am ddiwylliannau eraill. Gofynna gwestiynau, gwna ychydig o ymchwil a phaid â rhagdybio.

7. Bydd yn agored i gyfeillgarwch gyda phob math o bobl. Bydd hyn yn cyfoethogi dy fywyd yn aruthrol ac yn dy helpu i ddod ymlaen yn dda mewn byd amrywiol.

Ond beth arall gallet ti ei wneud? Meddylia am bobl a chymunedau rwyt ti'n eu hadnabod. Llunia gynllun gweithredu cynhwysiant yn nodi pum peth y galli di eu gwneud, a gweithreda.

Llunia restr arall a mynd ati i'w rhoi ar waith. Efallai eu bod nhw'n teimlo fel camau bach, ond maen nhw'n bwysig iawn. Mae camau fel hyn yn chwalu rhwystrau.

Mae gan gynhwysiant ffordd bell i fynd eto, ond mae siwrnai o fil o filltiroedd yn dechrau ag un cam.

## bod yn hapus, bod yn ti dy hun ...

... drwy gadw cynhwysiant yn dy galon a'i roi ar waith pob cyfle gei di.

# 38 dim mwy o olion traed mwdlyd

Y camgymeriad mwyaf oll yw gwneud dim oherwydd mai dim ond ychydig rwyt ti'n gallu ei wneud. Gwna beth alli di.
Sydney Smith, awdur a phregethwr

Pan oeddet ti'n fach, dwi'n siŵr dy fod ti wedi cael pryd o dafod am adael olion traed mwdlyd drwy'r tŷ ar ôl i ti fod allan yn chwarae. Doedd yr olion traed mwdlyd hynny ddim o bwys mawr (er gwaetha'r pryd o dafod) ac roedd modd eu glanhau mewn dim o dro.

Waeth faint ydy'n hoed ni, rydyn ni i gyd yn dal i adael olion traed ble bynnag rydyn ni'n mynd. Ond mae'r ôl troed rydyn ni'n ei adael ar y byd nawr yn un cwbl wahanol. Mae'n rhaid i ni droedio'n llawer mwy gofalus ac ystyriol os ydyn ni eisiau cadw'n byd yn un hapus – dydy'n hôl troed carbon ddim mor hawdd i'w lanhau.

## gair bach gwyddonol

Ôl troed carbon yw faint o garbon deuocsid ($CO_2$) sy'n cael ei allyrru gan berson dros gyfnod o amser. Y mwyaf o garbon deuocsid sy'n cael ei ryddhau i'r atmosffer, y gwaethaf fydd hynny i'r amgylchedd.

Bob tro rwyt ti'n defnyddio ynni sy'n dod o danwydd ffosil (fel petrol neu drydan o ffynonellau anadnewyddadwy fel glo a nwy), rwyt ti'n creu $CO_2$ ac yn gwneud dy ôl troed carbon yn fwy.

Golyga gweithgarwch dynol fod lefelau $CO_2$ yn yr atmosffer yn uwch erbyn hyn nag y maen nhw wedi bod ar unrhyw adeg yn ystod y 400,000 o flynyddoedd diwethaf. Felly mae gormod o wres yn cael ei ddal yn yr atmosffer. Erbyn hyn mae cynhesu byd-eang – sydd weithiau'n cael ei alw'n newid hinsawdd – yn dechrau achosi cryn dipyn o niwed i'n planed, a bydd yn dod yn fwyfwy niweidiol i iechyd pobl a chyflenwadau bwyd a dŵr.

Yn ôl yr Ymddiriedolaeth Arbed Ynni, cartrefi sy'n cynhyrchu 30 y cant o'r $CO_2$ sy'n cael ei gynhyrchu bob blwyddyn, felly bydd llai o $CO_2$ o gartrefi yn gwneud gwahaniaeth mawr i'n hôl troed carbon cyffredinol.

Bod yn 'garbon niwtral' yw'r nod eithaf tuag at atal newid hinsawdd. Yn y bôn, mae bod yn garbon niwtral yn gyfystyr â lleihau dy allbwn carbon i sero.

Mae'n her y mae'n rhaid i ni i gyd ymateb iddi.

## ôl troed glanach

Rydyn ni'n deall nad ti sy'n talu'r biliau nac yn gwneud y penderfyniadau mawr yn dy dŷ di, felly dydyn ni ddim yn mynd i awgrymu dy fod ti'n bersonol yn mynd allan a chael gafael ar baneli solar. Dydyn ni ddim chwaith yn mynd i awgrymu dy fod ti'n gwerthu car y teulu ar eBay a rhoi tandem i dy rieni yn ei le.

Ond, mae yna restr o weithgareddau i ti roi cynnig arnyn nhw. Ticia'r sgwariau wrth i ti roi cynnig arnyn nhw a gweld dy ôl troed carbon yn lleihau wrth i ti eu gwneud nhw.

Trafnidiaeth, tai a bwyd sy'n gyfrifol am y rhan fwyaf o dy ôl troed carbon, felly dyma'r meysydd rydyn ni am roi sylw iddyn nhw.

Galli di wneud gwahaniaeth go iawn.

## bod yn hapus, bod yn ti dy hun ...

... drwy ofalu am y blaned pa ffordd bynnag y galli di.

- Allet ti gerdded neu seiclo o leiaf un diwrnod yr wythnos?
- Cael cawod sydyn yn lle bath
- Diffodd y tap wrth lanhau dy ddannedd
- Chwilio ar-lein am ryseitiau i ddefnyddio unrhyw fwyd sydd dros ben
- Gwisgo sanau neu siwmper arall cyn codi'r gwres
- Cael diwrnod gwario dim ar benwythnos, a dim ond defnyddio'r hyn sydd gyda ti'n barod
- Berwi dim ond digon o ddŵr yn y tegell
- Plannu coeden (e.e. o hedyn afal). Gall un goeden amsugno tunnell o $CO_2$ yn ystod ei hoes
- Yfed dŵr tap yn lle dŵr potel. Cario dŵr yfed mewn potel amldro
- Wyt ti'n gweld y dillad yna ar lawr dy stafell wely? Oes wir angen eu golchi nhw i gyd?
- Diffodd pob golau diangen yn y tŷ (a siarad â'r un sy'n talu'r bil trydan am newid i fylbiau LED, sy'n defnyddio llawer llai o ynni)
- Tynnu plwg dyfais allan os nad wyt ti'n ei defnyddio – mae teclynnau electronig yn defnyddio trydan hyd yn oed pan maen nhw wedi'u diffodd
- Os oes gyda ti ddewis, defnyddia gliniadur yn hytrach na chyfrifiadur ar ddesg. Mae gliniaduron yn defnyddio llai o egni (hyd at 80 y cant i'w gwefru a'u rhedeg)
- Ymchwilio i'r holl opsiynau ailgylchu yn dy ardal di
- Edrych ar dy gwpwrdd dillad a mynd â dillad diangen i siop elusen leol
- Cynnig hongian y golch ar y lein er mwyn peidio â defnyddio'r sychwr
- Cael diwrnod llysieuol neu figan
- Cael diwrnod di-bapur (dim argraffu!)
- Ymchwilio i brosiectau newid hinsawdd neu brosiectau cadwraeth a chymryd rhan ynddyn nhw
- Trafod plastig gyda'r teulu – sut mae defnyddio llai ohono?
- Creu cynllun prydau bwyd am yr wythnos i beidio â gwastraffu bwyd
- Mynd i'r llyfrgell i fenthyg llyfr ar newid hinsawdd
- Dweud na wrth blastig untro fel gwellt yfed a chyllyll a ffyrc
- Ceisio peidio â rhoi dy ginio ysgol mewn deunydd lapio
- Ailgylchu popeth galli di, drwy'r dydd
- Tyfu dy ffrwythau neu dy lysiau dy hun
- Lapio anrheg mewn defnydd yn lle papur

# 39 prosiect hapusrwydd cudd

*Haelioni go iawn yw gwneud rhywbeth neis i rywun na fydd byth yn gwybod mai ti wnaeth.*
**Frank A. Clark, awdur**

Ar ddiwrnod tywyll, mae enfys annisgwyl yn siŵr o godi hwyliau pawb. Hwb bach gogoneddus o hapusrwydd sy'n ysgogi pawb a'n hatgoffa bod y byd yn llawn pethau rhyfeddol.

Wyt ti wedi clywed am arddwyr *guerrilla*? Maen nhw'n sleifio allan ac yn plannu hadau a blodau mewn corneli sy'n cael eu hesgeuluso, heb eu defnyddio neu ble mae llystyfiant wedi gordyfu. Mae artistiaid stryd yn creu gwaith celf ar adeiladau ac mewn mannau cyhoeddus, yn aml yn gyfrinachol a heb ganiatâd.

Mae'n hen bryd i brosiectau hapusrwydd cudd ymledu ledled y wlad hefyd.

Bydd rhai o'r gweithgareddau hyn yn cynnwys cyflwyno anrhegion bach, rhai'n cynnwys creu gweithiau prydferth ond syml ac eraill yn procio'r meddwl neu'n dangos gwerthfawrogiad. Y syniad yw bod pobl yn dod ar eu traws yn gyfan gwbl ar hap. Bydd pob chwa fach o hapusrwydd ar hap o'th safbwynt di'n siŵr o wneud i bobl wenu, ac mae'n ddigon posib y byddan nhw'n ysbrydoli pobl hefyd.

## gair bach gwyddonol

Mae gwyddonwyr wedi darganfod bod creu hapusrwydd a'i gyflwyno i'r byd yn dy wneud di'n hapusach hefyd. Pan wyt ti'n hael, mae dy ymennydd yn ymateb yn union fel petaet ti wedi cael rhywbeth braf! Rwyt ti hefyd yn cael chwa o endorffinau (yn union fel petaet ti newydd redeg ras).

Mae'r rhain yn gwneud i ti deimlo'n wych. Rwyt ti'n teimlo llawer llai o straen ac yn fwy cysylltiedig ag eraill hefyd, a chanlyniad hynny yw awydd i roi mwy fyth. Mae hyd yn oed y bwriad i fod yn hael yn gwneud i ti deimlo'n hapusach.

Mae'n beth pwerus.

## creu dy brosiect hapusrwydd cudd dy hun

1. Ysgrifenna dy hoff jôc ar gerdyn post a'i gadael ar fwrdd caffi i'r cwsmer nesaf ei darllen.

2. Ysgrifenna eiriau hapus neu tynna lun o symbolau hapus ar gerrig a'u gadael hwnt ac yma o gwmpas dy ardal.

3. Gwna ddalen-nodydd – *bookmark* – a'i adael mewn llyfr llyfrgell wrth i ti ei ddychwelyd.

4. Cysyllta ag ambell ffrind a threuliwch hanner awr yn casglu sbwriel mewn parc lleol fel ei fod yn edrych ar ei orau. Bydd pawb yn gweld bod y lle'n edrych ar ei orau, ond fydd neb yn gwybod pam.

5. Gad lyfr rwyt ti wedi'i fwynhau ar fainc yn y parc, â neges y tu mewn iddo'n gofyn i bwy bynnag sy'n dod ar ei draws i wneud yr un peth ar ôl iddo'i ddarllen.

6. Gad dusw bach o flodau wedi'u clymu wrth fainc yn y parc â nodyn syml yn dweud, 'I ti'.

7. Gwna ffenest natur i rywun ddod o hyd iddi – bydd angen pedwar brigyn arnat ti i greu ffrâm, cyn gwneud y llun o fewn y ffrâm gyda darnau ar hap o fyd natur.

8. Oes gyda ti hen degan meddal? Gwna arwydd bach ar ei gyfer yn dweud 'Dwi'n chwilio am gartref newydd' a'i adael ar wal i rywun ei weld.

9. Gwna gacennau i dy nain a dy daid, neu gymdogion.

10. Tynna lun enfys neu ddyfyniad sy'n ysbrydoli ar y palmant.

11. Cliria ychydig o dy stwff diangen a'i roi mewn bag i fynd i siop elusen. Yn y bag, rho gerdyn diolch a phaced o fisgedi i'r holl wirfoddolwyr sy'n gweithio yno, a sgrifennu 'Yn llawn edmygydd' ar y cerdyn.

12. Casgla'r holl ddillad diangen yn dy gartref gan bob aelod o'r teulu a dos â nhw i loches i'r digartref neu i siop elusen leol.

13. Trefna gerrig mân mewn siâp calon a'u gadael ar fainc yn y parc.

14. Dywed rywbeth canmoliaethus wrth dri pherson.

15. Gwena ar dri dieithryn.

Pa un oedd dy ffefryn di?

## bod yn hapus, bod yn ti dy hun ...

... drwy roi dy brosiect hapusrwydd cudd ar waith.

# 40 meithrin

Er gwaethaf gwyntoedd annhymhorol, eira a thywydd annisgwyl o bob math – mae garddwr yn dal i blannu.
Ac yn trin yr hyn mae wedi blannu ...
gan gredu y daw'r gwanwyn.

**Mary Anne Radmacher, awdur ac artist**

Wyt ti erioed wedi gofalu am rywbeth a'i helpu i dyfu? Ci bach efallai, neu blanhigyn? Os wyt ti, rwyt ti'n gwybod bod rhaid i ti ei fwydo, ei drin a chynnig yr holl amodau cywir iddo er mwyn iddo ddatblygu.

Mae'n rhaid i ti ei feithrin.

Ydy, mae'n waith caled. Ydy, mae'n cymryd dipyn o amser. Ond mae'n deimlad mor braf ei weld yn ffynnu o ganlyniad i dy holl ofal.

## gair bach gwyddonol

Oeddet ti'n gwybod bod rhai gwyddonwyr yn credu bod garddio'n gwella iselder? A dweud y gwir, mae bacteriwm penodol yn y pridd, Mycobacterium Vaccae, sy'n sbarduno rhyddhau serotonin yn yr ymennydd. Felly drwy wneud dim byd mwy na baeddu'n dwylo, rydyn ni'n hybu ein hapusrwydd.

Ond mae mwy iddi na hynny ...

Mae disgwyl gwobr yn sbarduno dopamin. Wrth feithrin rhywbeth fel hedyn, rydyn ni'n disgwyl ac yn optimistaidd y bydd y peth rydyn ni'n ei feithrin yn blodeuo. Mae meithrin rhywbeth i'w helpu i ffynnu yn creu disgwyliad ac yn gwneud i ni deimlo'n dda.

Meithrin dy chwaer fach ddihyder, efallai. Meithrin prosiect casglu sbwriel, neu ddiddordeb mewn peirianneg, neu aderyn wedi'i anafu rwyt ti wedi dod o hyd iddo. Meithrin dy gorff ar ôl i ti fod yn sâl efallai, neu feithrin dy ddawn canu.

Mae angen ein hysbryd o feithrin a gofal, ein hamser a'n sylw ar sawl peth i flodeuo neu wella. Dyma'r ffordd orau un o gyfeirio ein hegni.

## ysgogiad gan blanhigyn

Planna hedyn blodyn, bydd unrhyw hedyn yn gwneud y tro, mewn ychydig o bridd. Canolbwyntia ar ofalu dy fod ti'n darparu popeth mae ei angen ar yr hedyn bach: golau, maetholion, sgwrs fach, potyn mwy wrth iddo dyfu gan ei ailblannu yn ôl yr angen.

Bob tro rwyt ti'n rhoi ychydig o ofal i'r hedyn, atgoffa dy hun mewn ffordd ymwybodol dy fod ti'n ei feithrin er mwyn ei helpu i flodeuo. Yna, bob tro rwyt ti'n gwneud rhywbeth er budd dy hedyn, gwna rywbeth er budd ti dy hun hefyd: rho gwtsh i ti dy hun, chwaraea dy hoff gân, ymlacia mewn bath llawn swigod sebon neu anfona tecst at ffrind. Neu beth am ddawnsio'n droednoeth, gwylio un o dy hoff raglenni teledu, sgrifennu llythyr neu gofleidio dy fam. Gad i'r gofal am yr hedyn dy ysgogi i ofalu amdanat ti dy hun.

Byddi di a'r planhigyn yn tyfu, diolch i'r meithrin, ac mae angen i'r meithrin hwnnw ddatblygu'n arferiad. Tria weld hyn fel trosiad ar gyfer dy fywyd. Pan fyddi di'n rhoi i eraill neu i'r byd, mae'n rhaid i ti ail-lenwi dy hun bob tro. Fel arall, bydd gyda ti ddim byd wrth gefn a dydy hynny byth yn gweithio.

Ac os yw'r hedyn yn araf yn tyfu, yn edrych braidd yn flêr neu'n marw, planna un arall. Gallwn ni ddechrau o'r dechrau bob dydd, yn llawn bwriadau da.

Dydy hunanofal ddim yn hunanol. Mae'n ymwneud â gofalu amdanat ti dy hun, ac mae'n bwysig iawn, iawn.

A hapusrwydd? Wel, mae hynny'n syml. Mae'n cynnwys enghreifftiau bach hynod niferus o feithrin wedi'u cyfeirio atat ti dy hun, pobl eraill a'r byd mawr o dy gwmpas.

Cofia ofalu amdanat ti dy hun x

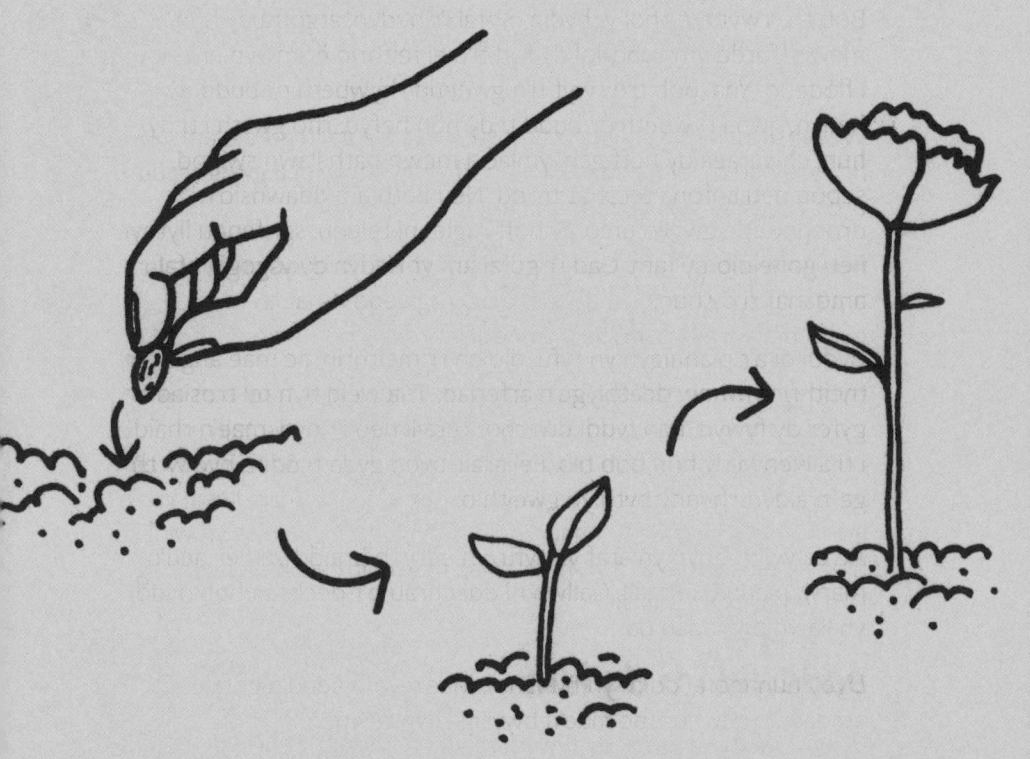

# TAITH yn ôl atat ti

Drwy'r llyfr hwn, rydyn ni wedi edrych ar sut y galli di feithrin dy hun drwy ofalu am dy gorff, dy feddwl, dy emosiynau a dy ddiddordebau.

Rydyn ni hefyd wedi edrych ar sut y galli di feithrin dy berthynas â phobl eraill drwy fod yn wrandäwr da, datrys gwrthdaro, gwerthfawrogi gwahaniaeth a bod yn garedig.

Wedyn, rydyn ni wedi edrych ar sut rwyt ti'n gallu gofalu am y byd drwy leihau dy ôl troed carbon, bod yn gynhwysol a gweithredu dros y pethau sy'n agos at dy galon.

Fel y dywedon ni ar y cychwyn, mae'n rhaid i ti ddod yn gyntaf, mae'n rhaid i ti feithrin dy hun – pob agwedd arnat ti – cyn popeth arall, ac yna bydd y gweddill yn dilyn.

Bydd yr un mor garedig, gofalgar a chariadus atat ti dy hun ag y byddet ti at unrhyw un arall, neu hyd yn oed yn fwy felly – oherwydd (ydyn, rydyn ni'n dweud eto) mae'n rhaid i ti roi dy hun yn gyntaf. Unwaith rwyt ti'n llawn, bydd yr holl feithrin llesol yna'n gorlifo allan ohonot ti – oherwydd, fel rwyt ti'n gwybod yn well na neb, mae hapusrwydd yn heintus ac mae'n amhosib ei ddal rhag llifo ymhellach.

## addewid i ti dy hun

O hyn ymlaen a gydol dy fywyd, rhaid i ti addo meithrin dy hun, gofalu amdanat ti dy hun a chefnogi dy hun, a gwneud hynny'n well nag y gwnaeth neb erioed.

Dy dro di nawr.

Mae dy les di, dy hapusrwydd di, yn dy ddwylo galluog a meithringar di.

Mae angen i ti fyw dy fywyd, bod yn hapus, bod yn ti dy hun!